Scary Potter

Das gruseligste Kochbuch der Welt

Scary Potter

Das gruseligste Kochbuch der Welt

Von

Tom Grimm

Mit Fotos von
Tom Grimm & Dimitrie Harder

H.

HEEL Verlag GmbH
Gut Pottscheidt
53639 Königswinter
Tel.: 02223 9230-0
Fax: 02223 9230-13
E-Mail: info@heel-verlag.de
Internet: www.heel-verlag.de

PROJEKTLEITUNG: Hannah Kwella
PROJEKTREDAKTION, TEXTE & REZEPTE: Tom Grimm, Grinning Cat Productions
FOODFOTOGRAFIE: Dimitrie Harder & Tom Grimm
GRAFIKDESIGN, SATZ & LAYOUT: Roberts Urlovskis
UMSCHLAGGESTALTUNG: Roberts Urlovskis
VORSATZILLUSTRATION & INNENILLUSTRATIONEN: Angelos Tsirigotis

Printed in Czech Republic
978-3-96664-312-2

Bibliografische Information der Deutschen Nationalbibliothek
Die Deutsche Nationalbibliothek verzeichnet diese Publikation in der Deutschen Nationalbibliografie; detaillierte bibliografische Daten sind im Internet über http://dnb.d-nb.de abrufbar.

Für

Michél Kevin Hubel

(1983-2020)

Hab´ von da oben ein Auge auf uns.

Inhalt

Einleitung

Alle Jahre wieder am 31. Oktober heißt es vielerorts auf der Welt: Süßes oder Saures?

Was für eine Frage!

Saures natürlich!

Wer mich kennt, der weiß, dass ich (mal abgesehen von meiner Familie) nur wenige Dinge so sehr liebe wie die Zauberwelt von Harry Potter, nämlich gutes Essen, schlechte Witze, Freizeitparks, Rammstein, Ferien – und Halloween! Vergesst Ostern, Weihnachten, Neujahr und den Welt-Brezel-Tag – der einzig relevante Feiertag ist für mich seit jeher der Abend vor Allerheiligen, an dem die Hölle Ausgang hat und Geister, Kobolde, Trolle und Dämonen frei und ungestört auf Erden umherstreifen, um ihren Schabernack mit den nichts ahnenden Menschlein zu treiben, die glauben, all diese Kreaturen der Finsternis hätten sich bloß als Werwölfe, Vampire, Zombies und Ghule verkleidet.

Wobei »nichts ahnend« natürlich nur für die Muggel unter uns gilt, die blind sind gegenüber all der Magie und den Wundern, die unsere Welt für all jene bereithält, die gewillt sind, genauer hinzusehen. So wie die Zauberkundigen und Potterheads da draußen! Denn nicht zuletzt dank Harry, Ron, Hermine & Co. wissen wir um die Bedeutung von Halloween.

Tatsächlich ist der 31. Oktober das wohl wichtigste Datum des Potter-Versums, da an keinem anderen Tag der HP-Historie mehr Bedeutendes passiert ist als an Halloween. Wenn auch nur selten etwas Gutes …

An Halloween des Jahres 1981 z. B. sterben Harrys Eltern, James und Lily Potter, durch die Hand von Ihr-wisst-schon-wem.

Genau zehn Jahre später, an Halloween 1991, gelingt es den Hogwarts-Erstklässlern Harry und Ron, auf der Mädchentoilette den Bergtroll zu besiegen, den Professor Quirinus Quirrel als Ablenkungsmanöver in die Zauberschule geschleust hat, um sich im allgemeinen Trubel an Fluffy vorbeizuschleichen und den »Stein der Weisen« zu stehlen.

Im darauffolgenden Jahr, an Halloween 1992, wird die Kammer des Schreckens geöffnet und der Erbe von Slytherin bedroht Hogwarts.

Wiederum ein Jahr später, an Halloween 1993, hat Harrys Klasse zum ersten Mal die Möglichkeit, dem Zauberdorf Hogsmeade einen Besuch abzustatten. Doch da Harry hierfür niemals die Erlaubnis der doofen Dursleys bekommen würde, streift er stattdessen allein durch die Flure von Hogwarts und trifft dabei auf Professor Remus Lupin, mit dem er ein bedeutungsvolles Gespräch über seine Ängste vor den Dementoren führt, bevor der aus Askaban entflohene Sirius Black am Abend mit einem Messer auf die Fette Dame losgeht – was Harry irrtümlich glauben lässt, Sirius hätte es auf ihn abgesehen, genau wie alle sagen.

Im nächsten Jahr, an Halloween 1994, werden beim Schulfest die Champions für das Trimagische Turnier ausgewählt – ein traditioneller, freundschaftlicher Wettstreit zwischen den drei größten europäischen Zauberschulen Beauxbatons, Hogwarts und Durmstrang. Wer für seine Schule antreten darf, entscheidet der Feuerkelch. Eigentlich ist Harry mit 14 Jahren noch zu jung, um seinen Namen in den Kelch zu werfen, aber wie das Ganze ausgeht, dürfte wohl hinlänglich bekannt sein.

Und schließlich wurde in den Morgenstunden des 31. Oktober 1492 Sir Nicholas de Mimsy-Porpington wegen einer verpfuschten magischen Zahnkorrektur bei einer Adeligen von ihrem zorngrollenden Gatten zum Tode verurteilt und mit sage und schreibe 45 Hieben mit einer offenkundig ziemlich stumpfen Axt zwar nur fast enthauptet, aber doch ziemlich vollständig hingerichtet. Seitdem spukt er als der Fast kopflose Nick in Hogwarts herum, wo er zum Gedenken seines Todestags alljährlich eine kleine Feier veranstaltet, zu der in ihrem ersten Jahr an der Zauberschule auch Harry, Ron und Hermine eingeladen sind – selbst wenn die Freunde auf diese Ehre angesichts der doch recht fragwürdigen Speisenauswahl ihres Gastgebers lieber verzichtet hätten.

Und apropos fragwürdige Speisenauswahl!

Ich hätte da auch einiges im Angebot, an dem Sir Nicholas mit Sicherheit seine helle Freude hätte!

Kotzprobe gefällig?

Wie wär´s als Horrord´œuvre mit Dementorenfingern, gefüllten Kakerlaken, Grabwürmern, Augapfelbowle oder Trollpopeln? Auch die Mad-Eye-Moody-Spieße, die Fledermausblutsuppe, die Sandwich-Nagini, die Drachenfleischfrikadellen, den verdorbenen Fisch und die Acromantula-Augen im Speckmantel kann ich nur wärmstens empfehlen. Und damit sich der nächste Besuch bei Madam Pomfrey im Krankenflügel auch lohnt, gibt´s hinterher so grandiose Geschmacklosigkeiten wie Würgzungentoffees, verschimmelte Erdnüsse, Bertie Botts Bohnen in lauter ekligen Geschmackrichtungen, Grabsteinkuchen mit Teerglasur und das Monsterbuch der Monster, runtergespült mit einem kräftigen Schluck Skele-Wachs oder Tragbarem Sumpf. Natürlich alles liebevoll angerichtet, das Auge isst (man) schließlich mit!

In diesem Sinne: Bon Appétit!

Ergebenst,

Tom Grimm

RIP
RIP

Dementorenfinger

Da nicht jeder über nennenswerte Kochkenntnisse verfügt oder auf magische Hilfsmittel zurückgreifen kann, sind einzelne Rezepte in diesem Buch so simpel gehalten, dass selbst ein Troll sie zubereiten könnte. Dies gilt beispielsweise für dieses Gericht, das sich denkbar simpel umsetzen lässt: Man sucht sich einfach ein halbes Dutzend Dementoren, macht sie um ein paar Finger kürzer, legt die abgetrennten Griffel zum Trocknen ein paar Jahre in die Sonne, und ehe man sich's versieht, hat man einen wunderbaren Partysnack, über den sich jeder freut – außer vielleicht die Dementoren selbst. Aber damit kann ich leben.

ZUTATEN FÜR CA. 15–18 DEMENTORENFINGER

175 g weiche Butter
100 g Zucker
1 Prise Salz
1 Ei (Größe M)
330 g Mehl
3 EL Sauerkirschmarmelade
15–18 ganze, geschälte Mandeln
Backkakao, zum Dekorieren

1. Den Backofen auf 180 °C Ober-/Unterhitze vorheizen und ein Backblech mit Backpapier auslegen.
2. Die Butter, den Zucker und das Salz in einer Schüssel mit einem Handrührgerät aufschlagen, dann das Ei hinzufügen und alles gründlich durcharbeiten. Das Mehl dazugeben und mit dem Knethaken des Rührgerätes gut durchkneten. Den Teig fest in Klarsichtfolie wickeln und für mindestens 30 Minuten im Kühlschrank ruhen lassen.
3. Den Teig aus der Folie wickeln und auf der leicht mit Mehl bestreuten Arbeitsfläche mit den Händen zu dünnen, ca. 15 cm langen Rollen formen. An den entsprechenden Stellen etwas Druck ausüben, damit die »Knöchel« der Dementorenfinger ein bisschen dicker bleiben als der Rest (siehe Bild). Die Teigfinger mit ein bisschen Abstand zueinander auf das vorbereitete Backblech legen.
4. Jeweils ein Ende der Teigfinger ein wenig abrunden und eindrücken, um die »Fingerspitze« zu formen. Hierauf einen kleinen Klecks Marmelade geben. Darauf eine Mandel als »Fingernagel« legen und behutsam andrücken. Mit einem kleinen, scharfen Messer in regelmäßigen Abständen 2-3 parallele Rillen in die »Knöchel« ritzen.
5. Das Backblech für ca. 15-20 Minuten in den Ofen geben bzw. so lange, bis die Dementorenfinger anfangen, braun zu werden. Dann herausnehmen und auf dem Blech vollständig abkühlen lassen.
6. Um dem Ganzen den letzten Schliff zu verleihen, mit einem kleinen Backpinsel etwas Backkakao rings um die Fingernägel und auf die »Knöchelfalten« auftragen. Das »abgehackte« Ende jedes Fingers in die Sauerkirschmarmelade tauchen und einige Minuten trocknen lassen.

Tragbarer Sumpf

Der Tragbare Sumpf ist ein Scherzartikel aus dem Angebot der Weasley-Zwillinge und lässt an der gewünschten Stelle einen schlammigen schwarzen Sumpf entstehen, dem man nicht so ohne weiteres wieder entkommt, wenn man erst mal hineingeraten ist. Dasselbe trifft in gewisser Weise auch auf dieses Gesöff aus Cola, Wodka, Kaffeelikör und Orange zu. Klingt schrecklich? Ist es auch! Schrecklich lecker!

ZUTATEN
FÜR 1 DRINK

20 ml Vanillewodka, eisgekühlt
10 ml Kaffeelikör
1 Schuss Cointreau-Orangenlikör
160 ml Cola, eisgekühlt

1. Den Wodka, den Kaffeelikör und den Cointreau in ein Glas geben. Mit der Cola aufgießen, kurz umrühren und sofort servieren!

Knochen & Gebein

Nachdem die Würmer ihren Spaß mit den werten Verblichenen hatten, sind die kulinarischen Vergnüglichkeiten für Friedhöfen noch lange nicht erschöpft! Besonders Ghule, die es satthaben, sich auf den Dachböden von Hexen und Zauberern von Spinnen und Motten zu ernähren, unternehmen regelmäßig Ausflüge auf den nächstbesten Totenacker, um sich dort etwas zu knabbern zu besorgen, vorzugsweise Knochen und Gebein. Das mag vielleicht nicht jedermanns Sache sein, aber über Geschmack lässt sich bekanntlich nicht streiten.

ZUTATEN
FÜR CA. 20 KNOCHEN

1 Päckchen TK-Hefeteig (ca. 450 g)
1 TL Salz
3 EL Butter
Zum Bestreuen:
Kräutersalz, Sesam, Schwarzkümmel, grobes Meersalz, Kümmel

1. Den TK-Hefeteig nach Packungsanleitung auftauen. Anschließend mit den Händen gut verkneten und ca. 1 Stunde abgedeckt an einem warmen Ort gehen lassen.
2. Das Salz zum Teig geben und nochmals gut durchkneten. Dann mit einem Nudelholz auf einer leicht bemehlten, glatten Arbeitsfläche zu einem ca. 3 cm dicken Rechteck ausrollen und mit einem kleinen, scharfen Messer in 10 cm lange und 2 cm breite Streifen schneiden. Überschüssigen Teig neu verkneten und ebenfalls handhaben wie beschrieben, bis aller Teig aufgebraucht ist.
3. Die Ränder der Teigstreifen abrunden, indem ihr sie zwischen den Händen und der Arbeitsfläche mit den Handflächen vorsichtig so zu einer Teigwurst rollt, dass die »Knochen« in der Mitte schmaler sind und zu den Enden hin dicker werden (siehe Bild). Die Knochen mit etwas Abstand zueinander auf ein mit Backpapier ausgelegtes Backblech legen.
4. In der Mikrowelle die Butter schmelzen und die »Knochen« damit einpinseln. Jetzt nach Belieben Gewürze oder Kräuter darüberstreuen, z. B. Kräutersalz, Sesam, Schwarzkümmel, grobes Meersalz oder Kümmel. Anschließend nochmals 20-30 Minuten gehen lassen.
5. In der Zwischenzeit den Backofen auf 180 °C vorheizen.
6. Dic »Knochen« schließlich im Ofen backen, bis sie goldbraun und knusprig sind (ca. 15-20 Minuten). Herausnehmen und vor dem Servieren auf dem Blech etwas abkühlen lassen.

POTION

Verschimmelte Erdnüsse

Das Haltbarkeitsdatum dieser Erdnüsse wurde zwar um ein paar Jahrzehnte überschritten, doch ich bin sicher, dass diese Kötzlichkeit bei der nächsten alljährlichen Todestagsfeier vom Fast kopflosen Nick ein echter Renner wäre – und wenn auch nur beim Rennen zum nächstbesten Abort!

ZUTATEN
FÜR 3–4 HANDVOLL
VERSCHIMMELTE ERDNÜSSE

60 g Zartbitterschokolade, grob gehackt

50 g gesiebter Puderzucker

200 g geröstete, gesalzene Erdnüsse

Außerdem erforderlich: Schüssel mit Deckel

1. Die grob gehackte Schokolade in einer Schüssel über einem Wasserbad schmelzen. Dabei darauf achten, dass die Unterseite der Schüssel das kochende Wasser nicht berührt!
2. Den Puderzucker in eine Schüssel oder Dose mit Deckel geben.
3. Die Schüssel mit der geschmolzenen Schokolade vom Herd nehmen. Die Erdnüsse hineingeben und gründlich durchmischen, sodass die Nüsse ringsum mit Schokolade überzogen sind. Die Erdnüsse dann in die Schüssel mit dem Puderzucker kippen, den Deckel schließen und 1 Minute kräftig schütteln bzw. so lange, bis die Erdnüsse vollständig von Puderzucker bedeckt sind.
4. Die Schüssel öffnen, die Erdnüsse auf ein mit Backpapier ausgelegtes Backblech geben und trocknen lassen; dabei darauf achten, dass die Nüsse möglichst nicht zusammenkleben.
5. Sobald die Erdnüsse getrocknet sind, in ein grobes Sieb geben, um behutsam den überschüssigen Puderzucker zu entfernen. In einem luftdicht verschließbaren Behältnis lagern.

Schleimsuppe

Ein ganz besonderer Gaumengraus erwartet euch mit diesem Süppchen! Die Zubereitung ist denkbar einfach: Man wirft einfach alles, was die hintersten Ecken der Speisekammer so hergeben, in einen großen Topf, gibt ein paar Kellen Wasser dazu, lässt das Ganze ein paar Tage auf niedriger Flamme köcheln, sodass auch die härtesten Knorpelstücke butterweich werden, und reicht dazu etwas rabenschwarz verkohltes Gebäck oder magisches Blasenbrot. Na, klingt das nicht lecker? (Ja, das klingt nicht lecker!)

ZUTATEN
FÜR CA. 6-8 PORTIONEN

2 EL Schweineschmalz
300 g Kasseler-Bauchspeck, fein gewürfelt
2 Schalotten, fein gewürfelt
2 große Karotten, fein gewürfelt
1 kleines Stück Knollensellerie, fein gewürfelt
1 Stange Lauch, fein geschnitten
1 l Rinderfond
1 kg Erbsen (TK oder aus dem Glas)
4 EL gekörnte Gemüsebrühe
6 Kartoffeln (mehlig kochend), grob gewürfelt
1 Spritzer Apfelessig
Etwas frische Minze, fein gehackt
1 EL Zitronenabrieb
½ Bund frische Petersilie, fein gehackt
Zum Würzen:
Majoran, Salz, Pfeffer, Selleriesalz, Liebstöckel

1. Das Schweineschmalz in einem möglichst großen Topf bei mittlerer Hitze schmelzen. Die Speckwürfel darin 1-2 Minuten scharf anbraten. Die Schalotten dazugeben und glasig dünsten. Dann die gewürfelten Karotten, den Knollensellerie und den Lauch hinzufügen, gut durchmischen und unter regelmäßigem Rühren 5 Minuten garen. Mit dem Rinderfond ablöschen und das Ganze sanft zum Köcheln bringen.

2. Die Erbsen, die Gemüsebrühe und eine gute Prise Majoran dazugeben. Alles eine halbe Stunde bei mittlerer Hitze köcheln lassen. Anschließend die Kartoffelwürfel dazugeben, die Hitze auf niedrig reduzieren und unter gelegentlichem Rühren eine Stunde köcheln lassen. Einen kräftigen Spritzer Apfelessig, die frische Minze und etwas frischen Zitronenabrieb dazugeben. Schließlich die gehackte Petersilie unterrühren und nochmals 5 Minuten köcheln lassen.

3. Vom Herd nehmen und ein bisschen abkühlen lassen. Dann mit einem Pürierstab fein (aber nicht zu fein!) pürieren. Mit Salz, Pfeffer, Selleriesalz, Liebstöckel und ggf. noch etwas mehr Majoran abschmecken.

Wie bei den meisten Eintöpfen schmeckt auch dieser am nächsten Tag besonders lecker, wenn er Zeit hatte, durchzuziehen und die Aromen sich richtig entfalten konnten! Also am besten bereits am Vortag zubereiten und vor dem Servieren einfach nochmal behutsam warmmachen!

Grabwurmsalat

Auch wenn es auf den ersten Blick nicht so scheint, findet man auf Friedhöfen bei genauerem Hinsehen jede Menge Leckereien – zumindest, wenn man Gefallen an solchen Kötzlichkeiten wie Knochen, Grabmoos oder Gewürm findet. All den verwegenen Seelen, auf die dies zutrifft, sei dieses Rezept ans Herz gelegt!

ZUTATEN
FÜR 4 PORTIONEN

2 TL feiner mittelscharfer Senf

4 EL Essig

6 EL Olivenöl

50 g getrocknete Tomaten, fein gehackt

½ Bund Petersilie, fein gehackt

4 EL große Kapern (aus dem Glas) zzgl. etwas Kapernsud

Salz, Pfeffer

250 g schwarze Spaghetti (Spaghetti al Nero di Seppia)

100 g Rucola, fein gezupft

Röstzwiebeln, nach Belieben

12 große Surimi-Garnelen, abgetropft

1. In einer großen Schüssel den Senf mit dem Essig und dem Öl verrühren. Die fein gehackten Tomaten, die Petersilie und die Kapern dazugeben. Einen Schuss Kapernsud hinzufügen, mit Pfeffer und Salz würzen und alles behutsam miteinander vermengen.

2. Gemäß Packungsanleitung in einem großen Topf mit kräftig gesalzenem Wasser die schwarzen Spaghetti al dente (also bissfest) kochen. Durch ein Sieb abgießen, das Kochwasser auffangen und die Nudeln gut abtropfen lassen. Dann zurück in den Topf geben und mit 2 EL Kochwasser vermischen.

3. Die Spaghetti in die Schüssel mit der Vinaigrette geben. Den gezupften Rucola und die Röstzwiebeln unterheben und alles behutsam miteinander vermengen. Auf tiefen Tellern anrichten, jeweils drei Surimi-Garnelen darauflegen und sofort servieren.

Falls ihr keine Sepia-Spaghetti zur Hand habt, könnt ihr ganz normale Pasta nach dem Kochen und Abtropfen auch einfach mit schwarzer Lebensmittelfarbe einfärben. Und übertreibt's nicht mit dem Salz! Die Kapern, der Rucola und der Meerrettich sorgen bereits für genügend Würze!

Riesenspinnenglibber

Grundsätzlich gilt: Vom Verzehr von Acromantula-Eiern wird dringend abgeraten, da dies eurer Gesundheit abträglich sein kann! Also nicht so sehr die Eier selbst, sondern vielmehr der Versuch, an sie ranzukommen, da Riesenspinnen wie Aragog ihren Nachwuchs nur höchst widerwillig hergeben. Nicht zuletzt deshalb ist es ratsam, auf die Spinneneier zurückzugreifen, die in der Nokturngasse feilgeboten werden, zumeist in Essig eingelegt oder, wie hier, in Aspik.

ZUTATEN FÜR 4 PORTIONEN

1 Dose Mandarin-Orangen (ca. 320 g)
75 ml Maracujasaft
1 Päckchen Götterspeise »Zitrone«
2 EL Zucker
70 g weiße Zuckerperlen
Fruchtgummispinnen (optional)

Außerdem erforderlich:
eine hitzebeständige Glasschale (ca. 600 ml Fassungsvermögen)

1. Die Glasschale im Kühlschrank kaltstellen.
2. Die Mandarinen durch ein Sieb abtropfen. Den Saft auffangen und zusammen mit dem Maracujasaft in einen Messbecher geben. Mit Wasser auf 500 ml aufgießen, vermischen und in einen kleinen Topf geben.
3. Das Götterspeisepulver und den Zucker mit in den Topf geben und bei mittlerer Hitze unter stetem Rühren erwärmen, bis sich der Zucker vollends aufgelöst hat. Vom Herd nehmen und abkühlen lassen.
4. Die Zuckerperlen in die gekühlte Schale geben und etwas von der Götterspeise hineingießen. Mit einem Löffel umrühren, sodass alle Perlen mit Flüssigkeit benetzt sind. Die Perlen dann mit einem Löffel so verteilen, dass sie am Boden der Schale eine dünne, geschlossene Schicht bilden. Für ca. 15 Minuten in den Kühlschrank stellen, damit die Gelatine in der Götterspeise anzieht und die Perlen in der Schale kleben bleiben.
5. Nun etwas mehr als die Hälfte der übrigen Götterspeise einfüllen und die Mandarinen dazugeben. Die Schale wieder so lange in den Kühlschrank stellen, bis die Götterspeise leicht angezogen hat. Dann die restliche Flüssigkeit hinzufügen und das Ganze mindestens 6 Stunden kaltstellen, bis die Götterspeise vollständig erstarrt ist, am besten über Nacht.
6. Die Götterspeise mit einem scharfen Messer vorsichtig vom Rand der Schale lösen und behutsam auf einen großen, flachen Servierteller stürzen. Nach Belieben mit Fruchtgummispinnen dekorieren. Sofort servieren.

Bertie Botts Bohnen in lauter ekligen Geschmacksrichtungen

Bertie Botts Bohnen jeder Geschmacksrichtung gehören zu den großen Klassikern der Zauberwelt-Kulinarik. Allerdings wissen Harry, Ron & Co. nur zu gut, dass diese ganzen Geschmäcker nicht alle auch zwangsläufig lecker sind! Man denke nur an so fragwürdige Sorten wie Hundefutter, schmutzige Socken und Popel. Mit diesem Rezept könnt ihr eure eigenen Bohnen herstellen. Wie eklig es dabei wird, liegt also ganz bei euch!

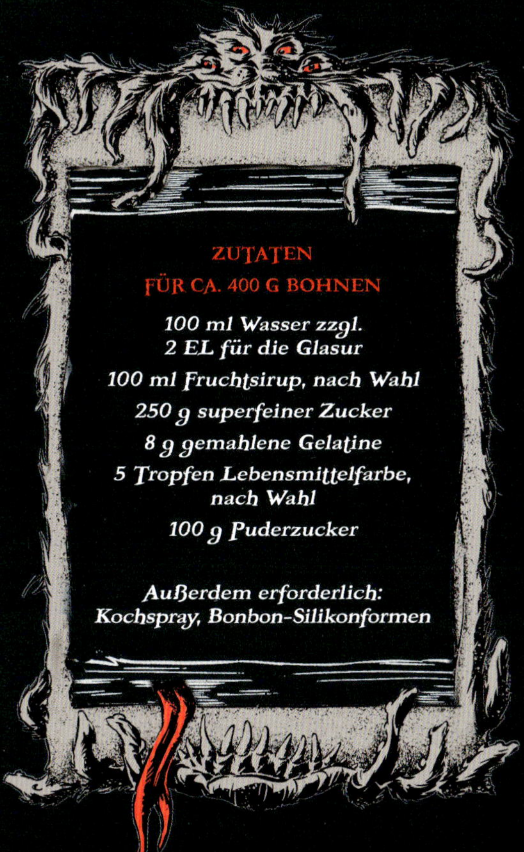

ZUTATEN
FÜR CA. 400 G BOHNEN

100 ml Wasser zzgl. 2 EL für die Glasur
100 ml Fruchtsirup, nach Wahl
250 g superfeiner Zucker
8 g gemahlene Gelatine
5 Tropfen Lebensmittelfarbe, nach Wahl
100 g Puderzucker

Außerdem erforderlich:
Kochspray, Bonbon-Silikonformen

1. 100 ml Wasser, den Fruchtsirup und den Zucker in einen Topf geben und bei niedriger Hitze unter stetem, behutsamem Rühren so lange erwärmen, bis sich der Zucker vollständig aufgelöst hat. Dann die gemahlene Gelatine in den Zuckersirup einrühren.
2. Unter ständigem Rühren so lange erwärmen, bis der Sirup eine Temperatur von 110 °C erreicht (ca. 20 Minuten). Hierbei größte Vorsicht walten lassen, da der Sirup sehr heiß ist und Spritzer auf der Haut schwere Verbrennungen verursachen können! Regelmäßig mit einem Zuckerthermometer die Temperatur überprüfen!
3. Die Silikonformen großzügig mit Kochspray einsprühen.
4. Sobald der Sirup die notwendige Temperatur erreicht hat, die Lebensmittelfarbe in der gewünschten Farbe einrühren und den Zuckersirup gleichmäßig in die Mulden der Silikonformen füllen. Die Oberseiten mit einem Kochspatel glattstreichen, die Formen mit Frischhaltefolie umwickeln und über Nacht trocknen lassen.
5. In einer kleinen Schüssel den Puderzucker mit 2 EL Wasser glattrühren. Die »Eierhälften« behutsam aus den Formen lösen. Die »Schnittflächen« der »Eierhälften« mit der Glasur bepinseln, jeweils zwei zusammenkleben und 30 Minuten trocknen lassen. In einem luftdicht verschließbaren Behältnis lagern.

Mit diesem Rezept könnt ihr Bertie Botts Bohnen in jeder beliebigen Geschmacksrichtung herstellen – auch in ziemlich ekligen! Alles, was ihr hierfür tun müsst, ist, dem Ganzen zusammen mit dem Zucker und dem Sirup nach Belieben 1 EL so wohlschmeckender Ingredienzien wie z. B. Zwiebel- oder Knoblauchpulver beizumischen!

Fledermaushäppchen

Viele Leute haben eine Abneigung gegen Fledermäuse – was meiner Ansicht nach nur daran liegen kann, dass sie nicht wissen, wie vorzüglich Fledermäuse schmecken! Vor allem so zubereitet wie hier sind sie ein echter Gaumengraus. Ganz im Ernst: Diese Flatterviecher können von Glück sagen, dass sie unter Artenschutz stehen, sonst wären sie vermutlich längst weggefressen … äh, ausgestorben!

ZUTATEN
FÜR 16
FLEDERMAUSHÄPPCHEN

500 g möglichst fester Frischkäse

Grober schwarzer Pfeffer

16 grüne oder schwarze Oliven mit Paprika

Ein Beutel Tortilla-Chips (eine möglichst »dunkle« Sorte)

1. Aus dem Frischkäse mit den Händen sechszehn mundgerechte Bällchen formen.
2. Den groben schwarzen Pfeffer in eine kleine Schüssel geben und die Frischkäsebällchen so darin wenden, dass sie ringsum mit Pfeffer bedeckt sind. Mit etwas Abstand zueinander auf einen Teller legen, locker mit Frischhaltefolie abdecken und zum Festwerden ca. 1 Stunde in den Kühlschrank stellen.
3. Die mit Paprika gefüllten Oliven halbieren und umgedreht (mit der Schnittöffnung nach vorn) als »Augen« auf den Frischkäsebällchen platzieren.
4. Möglichst eckige Tortilla-Chips als »Flügel« seitlich in die Frischkäsebällchen stecken. Von einigen Chips mit einem scharfen Messer behutsam die Ecken abschneiden und diese als »Ohren« auf den Bällchen platzieren.
5. Bis zum Servieren im Kühlschrank lagern.

Das Monsterbuch der Monster

Harry bekommt das Monsterbuch der Monster im dritten Schuljahr in Hogwarts von Hagrid zum Geburtstag geschenkt. Dummerweise ist es nicht so einfach, es zu lesen, denn dieser magische Wälzer rennt weg, versteckt sich und wehrt sich beißend und deckelklappernd dagegen, aufgeschlagen und durchgeblättert zu werden. Um dieses Buch zu öffnen, muss man erst sanft seinen Rücken streicheln und es so gütlich stimmen. Diese Version des Werks hingegen ist wesentlich gefälliger und kann es kaum erwarten, dass ihr nachschaut, was alles darin steckt! Und glaubt mir: Das ist eine ganze Menge!

ZUTATEN FÜR 1 MONSTERBUCH

Für den Kuchen:
250 g weiche Butter
150 g Zucker
1 Päckchen Vanillezucker
1 Prise Salz
3 Eier (Größe M)
150 g Mehl
2 TL Backpulver
1 gehäufter EL Backkakao
2 EL Milch
150 g Vollmilchschokolade, fein gehackt

Für die Füllung:
330 g weiche Butter
1 Päckchen Vanillezucker
600 g Puderzucker
120 ml Milch

Für die Buttercreme:
330 g weiche Butter
90 g Kakaopulver
600 g Puderzucker
120 ml Milch

Zum Dekorieren:
Rotes Fondant (für das Lesezeichen), orangefarbenes Fondant (für die Augen), weißes Fondant (für die Zähne), schwarzer Lebensmittelstift (für die Augen)

Außerdem erforderlich:
Spritzbeutel, Grastülle, rechteckige Backform (ca. 40 x 30 x 10 cm)

Den Kuchen zubereiten:

1. Den Ofen auf 180 °C Ober-/Unterhitze vorheizen. Die Backform mit Butter einfetten.
2. In einer Rührschüssel die Butter, den Zucker, den Vanillezucker und das Salz mit einem Handmixer cremig schlagen. Nach und nach, eins nach dem anderen, die Eier dazugeben und gut einarbeiten. Durch ein Sieb das Mehl, das Backpulver und den Backkakao hinzufügen und untermischen. Zuletzt die Milch und die fein gehackte Schokolade dazugeben und alles für eine Minute auf niedriger Stufe mixen. Den Teig dann in die vorbereitete Form geben, die Oberseite glattstreichen und für ca. 45 Minuten backen. Anschließend herausnehmen und in der Form vollständig abkühlen lassen. In der Zwischenzeit die Füllung und die Buttercreme zubereiten.

Die Vanillefüllung und die Schokobuttercreme zubereiten:

3. Für die Füllung in einer Rührschüssel die Butter und den Vanillezucker mit dem Handmixer cremig schlagen. Nach und nach den Puderzucker dazugeben und jedes Mal gründlich einarbeiten. Dann Schluck für Schluck die Milch hinzufügen und durchmixen, bis die gewünschte Konsistenz erreicht ist.
4. Mit den Zutaten für die Buttercreme genauso verfahren.

Alles zusammenfügen:

5. Den abgekühlten Kuchen mit einem großen Messer waagerecht in der Mitte durchschneiden, um zwei gleichgroße Hälften zu erhalten. Eine der Hälften auf die Arbeitsfläche legen und gleichmäßig ⅔ der Vanillebuttercreme darauf verteilen. Dann behutsam die andere Kuchenhälfte auflegen und das Ganze ringsum gleichmäßig mit der übrigen hellen Creme bestreichen. Mit einem Backspatel so verstreichen, dass es an Buchseiten erinnert.

Fortsetzung auf der nächsten Seite …

6. Das rote Fondant mit einem Nudelholz ca. 2 cm dick ausrollen. Mit einem kleinen, scharfen Messer ein längliches Rechteck daraus herausschneiden und an entsprechender Stelle als »Lesezeichen« oben auf die Buttercreme kleben (siehe Bild).
7. Aus dem orangefarbenen Fondant vier kirschgroße Kügelchen formen und mit dem schwarzen Lebensmittelstift die Augen aufmalen.
8. Aus dem übrigen roten Fondant die Lippen und aus dem weißen Fondant einige krumme Zähne formen.
9. Die Schokoladenbuttercreme in einen Spritzbeutel mit feiner Grastülle geben und damit die »Härchen« auf das »Buch« spritzen. An der Stelle, wo die Augen sitzen sollen, etwas mehr Creme auftragen, damit eine kleine, längliche »Erhöhung« entsteht. Hier in regelmäßigen Abständen die Augen platzieren und leicht andrücken. Zuletzt den Mund und die Zähne auf der Schokoladencreme befestigen und euer Meisterwerk vor dem Servieren eine Stunde ruhen lassen.

Der widersprechende Hut

Der sprechende Hut bestimmt bei allen Erstklässlern von Hogwarts, in welches der vier Häuser sie aufgenommen werden. Jahrhundertelang blieb diese zukunftsbestimmende Zeremonie ausschließlich Zauberkundigen und sonstigen Magiebegabten vorbehalten. Bis jetzt! Denn hiermit holt ihr den Hut in euer Heim – und damit ins einzige Haus, auf das es bei Muggeln wirklich ankommt!

ZUTATEN FÜR 1 SPRECHENDEN HUT

Für die Tortenböden:
11 Eier
550 g Zucker
550 ml Milch
550 ml Öl
3 Päckchen Vanillezucker
2 Prisen Salz
2½ Päckchen Backpulver
80 g Kakao
750 g Mehl

Für die Vollmilchganache:
400 g Sahne
1 kg Vollmilchschokolade, grob gehackt

Für die Schokoladenbuttercreme:
1½ Päckchen Schokoladenpudding
600 ml Milch
3 EL Zucker
375 g weiche Butter, bei Zimmertemperatur
Vanilleextrakt, nach Belieben
75 g Puderzucker

Für die Schoko-Rice Krispies:
20 g Butter
200 g Marshmallows
200 g Choco Krispies

Zum Garnieren:
100 g Krokant
100 g Schokoraspeln
Ca. 2 kg Schokoladenfondant
Bäckerstärke
Schwarze und braune Lebensmittelpulverfarbe

Außerdem erforderlich:
drei runde Springformen (15 cm Ø, 18 cm Ø, 20 cm Ø), Silikonmatte, Holzstäbchen

Die Tortenböden zubereiten:

1. Die Backformen mit Backpapier auslegen, einfetten und auf 1-2 Backbleche stellen, je nachdem, wie viel Platz euer Ofen bietet. Den Backofen auf 175 °C Ober-/Unterhitze vorheizen.

2. In einer Schüssel die Eier mit dem Zucker mit einem Handmixer sehr cremig aufschlagen. Flüchtig die Milch und das Öl unterrühren, dann kurz den Vanillezucker, das Salz, das Backpulver, den Kakao und das Mehl einarbeiten. Den Teig gleichmäßig in die unterschiedlich großen Backformen geben, die Oberseiten glattstreichen und je nach Größe eurer Tortenböden backen.

   15 cm Ø = 30 Minuten
   18 cm Ø = 40 Minuten
   20 cm Ø = 45 Minuten

3. Aus dem Ofen nehmen, in den Formen auskühlen lassen und jeden Boden dann mit einem großen Messer zweimal waagerecht durchschneiden, sodass ihr neun runde Tortenböden habt.

Die Vollmilchganache zubereiten:

4. Die Sahne unter stetem Rühren kurz in einem Topf aufkochen. Vom Herd nehmen und die gehackte Schokolade in die Sahne geben. Einige Minuten stehenlassen, bis sich die Schokolade verflüssigt hat, dann glattrühren und auf Zimmertemperatur abkühlen lassen.

Die Schokoladenbuttercreme zubereiten:

5. Nach Packungsanleitung aus dem Puddingpulver, der Milch und dem Zucker unter stetem Rühren einen dickflüssigen Pudding zubereiten. Vom Herd nehmen, mit Klarsichtfolie abdecken und auf Zimmertemperatur abkühlen lassen.

6. Die weiche Butter (die unbedingt ebenfalls Zimmertemperatur haben muss!) in eine Schüssel geben. Mit der Küchenmaschine oder einem Handmixer die Butter, das Vanilleextrakt und den

Fortsetzung auf der nächsten Seite ...

Puderzucker einige Minuten sehr schaumig und hell schlagen. Dann nach und nach den abgekühlten, noch fließfähigen Pudding dazugeben und unterrühren, bis das Ganze eine homogene Creme ergibt.

Die Schoko-Rice Krispies zubereiten:

7. Die Butter und die Marshmallows in eine beschichtete Pfanne geben und bei niedriger Temperatur langsam schmelzen. Die Schoko-Krispies dazugeben und mit einem gut eingefetteten, hitzebeständigen Teigspatel unterheben. Vorsicht: Die Masse ist sehr heiß!

8. Etwas abkühlen lassen, sodass sich die Masse verarbeiten lässt, ohne sich die Finger zu verbrennen, auf eine Silikonmatte geben und mit eingefetteten Händen alles gut durchknetet. Je nachdem, wie groß die Spitze des sprechenden Huts werden soll, einen Teil der Masse nehmen und etwas zusammendrücken, damit sie fester und kompakter wird. Dann die Hutspitze daraus formen (siehe Bild). Im Kühlschrank etwas aushärten lassen.

9. Aus der übrigen Krispies-Masse einzelne Würste formen, die später als Augenbrauen und als Mund auf die geschichtete Torte »geklebt« werden. Hier könnt ihr eurer Phantasie freien Lauf lassen!

Alles zusammenfügen:

10. Sobald alles vorbereitet ist, mit dem Stapeln der Tortenböden beginnen. Zuerst einen 20er-Tortenboden auf die Arbeitsfläche legen, gleichmäßig mit der Buttercreme bestreichen und mit Krokant und Schokoraspeln bestreuen. Dann den nächsten 20er-Boden darauflegen, wiederum mit Buttercreme bestreichen und mit Krokant und Schokoraspeln bestreuen. Dies mit dem dritten 20er-Boden wiederholen. Dann das Ganze mit den drei 18er-Böden machen, und schließlich mit den 15ern, sodass der »Kuchenkegel« nach oben hin nach und nach ein bisschen schmaler wird. So fortfahren, bis alle Böden gestapelt sind. Unabgedeckt für eine Stunde im Kühlschrank kaltstellen.

11. Mit einem großen, scharfen Messer die Form des Hutes aus dem »Kuchenkegel« herausarbeiten, wie ein Bildhauer bei einem Steinblock, und Überschüssiges abschneiden. Orientiert euch am besten an dem Bild.

12. Ist das geschafft, die ausgehärtete Hutspitze mit einem Holzstab oben auf der Torte anbringen. Den Hut mit einer Schicht Ganache einstreichen. Mit etwas Buttercreme das »Gesicht« auf die Vorderseite der Tote kleben, ggf. mit Zahnstochern fixieren und das Ganze erneut kaltstellen, mindestens für 3-4 Stunden, am besten über Nacht.

13. In der Zwischenzeit das Schokoladenfondant schön geschmeidig kneten und auf einer mit Bäckerstärke bestreuten Arbeitsfläche 5 mm dick ausrollen. Etwas Fondant für die Hutkrempe und einen dünnen Dekorationstreifen übriglassen.

14. Zuerst die Hutspitze mit Fondant eindecken, dann die restliche Torte. Hierzu mit dem Nudelholz ein großes Rechteck zurechtrollen und so über den »Hutkörper« legen, dass sich die Enden an der Rückseite wieder treffen. Die »Nähte« zusammenfügen, das Fondant ringsum andrücken und überschüssiges Fondant mit einem kleinen, scharfen Messer abschneiden. Das Fondant dann schön in Falten legen, schließlich hat der sprechende Hut schon einige Jährchen auf dem Buckel. Mit den Händen mehrmals über die angebrachten Mimikwülste streichen, um sie zu glätten.

15. Einen breiten Streifen Fondant als Hutkrempe ausrollen und um den Hut herum drapieren. Außerdem einen schmalen Streifen formen, um die Verbindung zwischen »Hutkörper« und Krempe ein bisschen stärker zu betonen. Jetzt sollte der Hut im Wesentlichen aussehen, wie er auszusehen hat. Zu guter Letzt eurem Kunstwerk den allerletzten Schliff verpassen, indem ihr mit einem Pinsel gleichmäßig die Lebensmittelpulverfarben auftragt. Dabei die präsenteren Stellen heller und die weiter hinten liegenden dunkler schattieren. Das war´s. Alles, was ihr jetzt noch tun müsst, ist, euch für eure Mühen von euren Freunden und eurer Familie feiern zu lassen. Denn ihr habt es verdient!

INDOR

Mandragora

In der Zauberwelt gibt es unzählige Pflanzen und Kräuter mit besonderen magischen Eigenschaften. Eine davon ist die Mandragora oder Alraune, die nicht bloß gewisse Ähnlichkeit mit einem Menschenbaby hat, sondern auch mindestens genauso nervig ist. Bei der Pflege von Alraunen ist größte Vorsicht geboten, da ihre Schreie schwerste Lähmungserscheinungen verursachen können. Deshalb wird dringend geraten, beim »Züchten« dieser ganz besonderen Gattung Ohrenschützer zu tragen. Das bringt zwar nichts, sieht aber angemessen dramatisch aus!

ZUTATEN FÜR 10 MANDRAGORA

Für die Muffins:
300 g Mehl
80 g Backkakao
1 TL Backpulver
1 TL Natron
1 Prise Salz
100 g weiche Butter
220 g Zucker
1 TL Vanilleextrakt
2 Eier
250 ml Buttermilch
150 g Zartbitterschokolade, grob gehackt

Für die Mandragora:
400 g Marzipanrohmasse
Etwas Backkakao, zum Bestäuben
20 Kräuterblätter (z. B. Basilikum, Minze)

Für das Schokofrosting:
150 g Frischkäse
15 g Puderzucker
1 gehäufter EL Backkakao

Außerdem erforderlich:
3 Papier-Muffinförmchen, 10 kleine Tontöpfe

1. Die Tontöpfchen ca. eine Stunde in Wasser einweichen. Passend große Kreise aus Backpapier ausschneiden und unten in die Töpfe legen.
2. Den Backofen auf 200 °C Grad vorheizen.
3. Das Mehl, den Kakao, das Backpulver, das Natron und das Salz in einer kleinen Schüssel vermischen. In einer separaten, größeren Schüssel die Butter, den Zucker und das Vanilleextrakt mit einem Handrührgerät aufschlagen. Nacheinander die Eier dazugeben und alles schaumig schlagen. Die Buttermilch gründlich unterrühren.
4. Die trockenen Zutaten aus der kleineren Schüssel unter die Buttermischung heben. Genügend Teig für drei Muffins abnehmen und in einfache Muffinförmchen geben. Die Schokolade unter den restlichen Teig heben und in die Tontöpfe füllen. Die Töpfe und die Muffinförmchen ca. 25 Minuten in den Ofen geben. Herausnehmen und vollständig abkühlen lassen. Die Muffins aus den Förmchen lösen und grob zerbröseln.
5. Das Marzipan in zehn gleichgroße Stücke aufteilen und aus den einzelnen Stücken grobe Alraune formen. Die Unterseite dabei ein wenig abflachen. Den Alraunen mit Zahnstocher, Messer und Löffel etwas »Charakter« verleihen. Hierzu mit dem Messer kleine Rillen quer einritzen, mit dem Zahnstocher die Augen eindrücken, mit dem Löffel den Mund herausarbeiten und ggf. Ärmchen formen. Mit Kakao abpudern. Zuletzt mit dem Zahnstocher ein Loch in jeden »Kopf« piksen. In den Kühlschrank stellen.
6. Den Frischkäse, den Puderzucker und den Backkakao in einer kleinen Schüssel vermengen und glattrühren. Die Oberseite der Muffins in den Tontöpfen großzügig mit dem Frosting bestreichen, die Alraunen darauf »festkleben« und ringsum mit zerbröselter »Kuchenerde« dekorieren. Die Kräuterblätter in die zuvor gepiksten Löcher stecken.

Riesenspinneneier

Einer hochwissenschaftlichen Studie zufolge fressen alle Spinnen auf der Welt zusammen jährlich 800 Millionen Tonnen Beute. Das bedeutet, sie könnten in zwölf Monaten sämtliche Menschen auf Erden verspachteln und hätten immer noch Kohldampf. Und das sind bloß die normalen Arachniden! Rechnet man dann noch Monsterspinnen wie Aragog und seine Brut dazu, wäre die Menschheit wahrscheinlich schon bis Ende der Woche restlos verschwunden. Angesichts dessen ist es wohl nur fair, ihnen zuvorzukommen und sich im Gegenzug an Acromantula-Nachwuchs gütlich zu tun!

ZUTATEN
FÜR 4 PORTIONEN

1 kg mehligkochende Kartoffeln
30 g Butter
Frisch geriebene Muskatnuss
Salz
100 g Mehl
10 g gemahlene Aktivkohle
60–70 g Hartweizengrieß, doppelt gemahlen
2 Eigelb
1 EL Kartoffelstärke
125 g Mozzarella, gerieben
100 g Ricotta
2 EL Parmesan, gerieben
Reismehl, zum Bestäuben

1. Den Backofen auf 160 °C Umluft vorheizen.
2. Die Kartoffeln mit Schale waschen, abtrocknen, auf ein mit Backpapier ausgelegtes Backblech geben und für ca. eine Stunde im vorgeheizten Ofen garen. Anschließend herausnehmen und abkühlen lassen, bis die Kartoffeln lauwarm sind. Dann pellen, zweimal durch eine Kartoffelpresse drücken und den Stampf auskühlen lassen.
3. Unterdessen in einem kleinen Topf bei mittlerer Hitze die Butter zerlassen. Etwas frisch geriebene Muskatnuss und 1 EL Salz hineingeben. Gut miteinander verrühren.
4. In einer kleinen Schüssel das Mehl und die Aktivkohle vermischen.
5. Die Arbeitsfläche mit etwas Hartweizengrieß bestäuben und die Mehl-Kohle-Mischung darüber streuen. Den Kartoffelstampf dazugeben und eine flache Kuhle in die Mitte des Stampfs drücken. Dort das Eigelb, das übrige Grieß, die geschmolzene Butter und die Kartoffelstärke hineingeben und das Ganze mit den Händen zügig zu einem geschmeidigen Teig verkneten.
6. In einer kleinen Schüssel den geriebenen Mozzarella mit dem Ricotta und dem Parmesan vermischen. Mit einer Prise Salz würzen.
7. Ein golfballgroßes Stück von dem Kartoffelteig abnehmen und zu einem runden, gleichmäßigen Fladen formen. Etwas von der Füllung in die Mitte geben und den Kartoffelteig um die Füllung schließen. Die Seiten ringsum gut andrücken und mit leicht befeuchteten Händen zu einer Kugel formen.
8. Einen Topf mit Wasser zum Kochen bringen und kräftig salzen. Sobald das Wasser sprudelt, die Hitze auf niedrig reduzieren. Die gefüllten Nocken behutsam hineingeben und ca. 8 Minuten im heißen Wasser ziehen lassen. Mit einer Schaumkelle herausnehmen und kurz abtropfen lassen.
9. Das Reismehl in einen tiefen Teller geben und die »Spinneneier« ringsum darin wälzen. Überschüssiges Mehl abklopfen und zusammen mit einem hübsch-hässlichen, giftgrünen Pesto oder gebratenem Gemüse servieren.

Schrumpfkopfkartoffeln

Schrumpfköpfe dienen nicht bloß als magische Zutat oder Treppenhauszierde wie im Stammsitz der Familie Black, sondern arbeiten bisweilen auch als Schaffner im *Fahrenden Ritter*, einem Bus, den Hexen und Zauberer in Nöten rufen können, wenn sie eine Transportmöglichkeit brauchen. Am Steuer des Busses sitzt Ernie Prang, der eine so dicke Brille trägt, dass er wahrscheinlich nicht mal sieht, wo er hinfährt. Ein Wunder, dass es nicht längst zu schwereren Unfällen gekommen ist! Andernfalls sähe der vorlaute Rasta-Schrumpfkopf, der vom Rückspiegel des *Ritters* baumelt, wohl längst aus wie seine Verwandten in diesem Rezept …

ZUTATEN FÜR 12 SCHRUMPFKÖPFE

Für die Kartoffeln:
12 kleine Kartoffel
3 EL Rapsöl
1 TL Agavendicksaft
¼ TL Knoblauch, gemahlen
¼ TL Curry
¼ TL Pfeffer
1 Prise Salz

Für die Guacamole:
2 reife Avocados
2 Tomaten, sehr fein gewürfelt
Saft von ½ Zitrone
2 Knoblauchzehen, sehr fein gehackt oder durchgepresst
1 EL Naturjoghurt
Salz, schwarzer Pfeffer

Die Kartoffeln zubereiten:

1. Die Kartoffeln gründlich waschen, abtrocknen und mit einem kleinen, scharfen Messer schaurige Gesichter hineinschnitzen, die an das Antlitz von Sirius Black in der Kaminglut im Film *Harry Potter und der Feuerkelch* (2005) erinnern.
2. Den Backofen auf 200 °C vorheizen und ein Backblech mit Backpapier auslegen.
3. In einer kleinen Schüssel das Rapsöl mit dem Agavendicksaft, dem Knoblauch, dem Curry, dem Pfeffer und dem Salz vermischen und die Kartoffeln mit einem Backpinsel ringsum großzügig damit bestreichen. Auf das vorbereitete Backblech legen und für ca. 45 Minuten im vorgeheizten Ofen goldbraun backen. In der Zwischenzeit den Dip zubereiten.

Die Guacamole zubereiten:

4. Die Avocados vorsichtig halbieren und die Kerne entfernen. Mit einem Löffel das Fruchtfleisch aus der Schale lösen und mit einer Gabel in einer kleinen Schüssel fein zerdrücken. Die Tomatenwürfel, den Zitronensaft, den Knoblauch und den Joghurt dazugeben und alles miteinander verrühren. Mit Salz und Pfeffer abschmecken. Bis zum Servieren kaltstellen!

Gefüllte Kakerlaken

Getrocknete Kakerlaken sind eine beliebte Süßigkeit der magischen Welt, die u. a. im Honigtopf feilgeboten wird. Im Gegensatz zu Professor Dumbledore, der eine besondere Vorliebe hierfür hat, finden die meisten Leute ihren Geschmack eher widerlich. Doch offenbar haben die noch nicht diese spezielle Sorte probiert!

ZUTATEN
FÜR 10 KAKERLAKEN

10 weiche Datteln, getrocknet
10 TL Erdnussbutter
80 g Zartbitterkuvertüre, grob gehackt
10 Pekannüsse
20 getrocknete Tannennadeln

Außerdem erforderlich:
eine Stecknadel

1. Die getrockneten Datteln vorsichtig einschneiden und den Kern entfernen; dabei darauf achten, dass die Unterseite der Frucht intakt bleibt!
2. Jeweils 1 TL Erdnussbutter in die Mitte der Datteln geben und die Früchte vorsichtig oben zusammendrücken. In den Kühlschrank legen.
3. In einer kleinen, hitzebeständigen Schüssel über einem Topf mit köchelndem Wasser die Zartbitterkuvertüre schmelzen; dabei darauf achten, dass die Unterseite der Schüssel das Wasser nicht berührt!
4. Die gefüllten Datteln aus dem Kühlschrank nehmen und in die geschmolzene Schokolade tauchen, um sie ringsum gleichmäßig damit zu überziehen. Dann jeweils eine Pekannuss auf jede Dattel setzen, leicht andrücken und wieder zurück in den Kühlschrank geben, bis die Schokolade fest geworden ist (ca. 15 Minuten).
5. Ist die Schokolade fest, mit einer Stecknadel vorsichtig jeweils zwei kleine Löcher in den »Kopf« jeder »Kakerlake« bohren und in jedes der Löcher eine getrocknete Tannennadel stecken wie einen Fühler. Bis zum Verzehr kühl lagern.

Die Tannennadeln sollen zwar eigentlich nicht mitgegessen werden, aber keine Sorge: Sofern ihr nicht gerade einen halben Weihnachtsbaum verspeist, sind sie vollkommen unbedenklich!

Hexenhüte

Obwohl Hexen in Wahrheit vollkommen anders sind als die bösartigen, verwarzten Schreckschrauben, die man aus Muggel-Märchen kennt, tun sie ansonsten all das, was man von ihnen erwartet: Sie fliegen auf Besen, brauen Zaubertränke – und tragen komische, spitze Hüte. So wie diese hier. Nur größer. Und nicht ganz so schmackhaft.

ZUTATEN
FÜR CA. 20-30 HÜTE

1 Packung TK-Blätterteig (ca. 270 g)

1 Eigelb

1 EL Milch

Gewürze und Kräuter nach Wahl, z. B. Salz, Pfeffer, Paprikapulver, Kümmel, Rosmarin, Thymian, usw.

Etwas geriebener Käse

1. Den Backofen auf 200 °C Ober-/Unterhitze vorheizen. Ein Backblech mit Backpapier auslegen.
2. Den Blätterteig aus dem Kühlschrank nehmen und 10 Minuten auftauen lassen. Dann auf der Arbeitsfläche ausrollen und einmal quer halbieren. Aus den langen Rechtecken kleine Dreiecke schneiden. Diese mit der Spitze nach oben auf das Backblech legen und den unteren Rand jeweils ein bisschen einrollen. Die so entstandenen »Hüte« behutsam mit den Fingern in Form bringen, z. B. die Hutspitze etwas abknicken die Hutkrempe an den Seiten ein wenig nach unten ziehen, usw.
3. In einer kleinen Schüssel das Eigelb mit der Milch verquirlen. Die Hüte damit einpinseln, nach Belieben mit Gewürzen und Kräutern bestreuen, etwas geriebenen Käse darauf verteilen und für ca. 15 Minuten im vorgeheizten Ofen backen. Anschließend herausnehmen und auf dem Blech etwas abkühlen lassen.

Diese Hexenhüte eignen sich ganz wunderbar als Beilage zu Suppe oder Salat, aber auch als herzhafte Knabberei zu Wein oder als Snack für die nächste Todestagsfeier!

Grabsteinkuchen mit Teerglasur

Bei der Todestagsfeier vom Fast kopflosen Nick zu Halloween 1993 – Harrys erstem Jahr in Hogwarts – war dieser Kuchen das unangefochtene Highlight der Party. Gegessen hat ihn seinerzeit zwar keiner, aber zumindest optisch machte er echt was her. Dieses Rezept dagegen sieht nicht bloß kultig aus, sondern zeichnet sich noch durch andere Qualitäten aus, z. B. durch den vollmundig-eleganten Teergeschmack. Überzeugt euch selbst!

ZUTATEN
FÜR 1 GRABSTEINKUCHEN

200 g weiche Butter zzgl. noch etwas mehr zum Einfetten des Backrahmens

100 g Zartbitterschokolade, grob gehackt

170 g Zucker

4 Eier

200 g Schmand

250 g Mehl

2 TL Backpulver

1 Prise Salz

2 EL Backkakao

350 g Sauerkirschen (aus dem Glas), abgetropft

400 ml Schlagsahne, kalt

2 Päckchen Sahnesteif

2 TL Vanillezucker

Ewas schwarze Lebensmittelfarbe

Dunkle Schokoladensoße, nach Belieben

Außerdem erforderlich:
ein rechteckiger Backrahmen (ca. 28 x 19 cm)

1. Den Backofen auf 180 °C Ober-/Unterhitze vorheizen. Ein Backblech mit Backpapier auslegen und einen Backrahmen daraufsetzen. Den Backrahmen großzügig mit Butter einfetten.

2. Die Zartbitterschokolade in einer Schüssel in einem Wasserbad schmelzen. In einer separaten Schüssel die Butter mit dem Zucker verrühren. Nach und nach die Eier dazugeben und unterrühren. Den Schmand hinzufügen und einarbeiten. In einer dritten Schüssel das Mehl mit dem Backpulver, dem Salz und dem Kakao vermengen und zu der Butter-Schmand-Mischung geben. Alles gut verrühren. Dann die geschmolzene Schokolade und die sorgsam abgetropften Kirschen unterheben.

3. Den Teig in den Backrahmen geben und die Oberseite glattstreichen. Im vorgeheizten Ofen ca. 50-55 Minuten backen bzw. so lange, bis an einem Zahnstocher, den man in die Mitte pikst, beim Herausziehen nichts mehr kleben bleibt. Dann aus dem Ofen nehmen und abkühlen lassen. Den Backrahmen entfernen. Anschließend bis zum Verzieren im Kühlschrank kaltstellen.

4. In einer Rührschüssel die kalte Schlagsahne mit dem Sahnesteif und dem Vanillezucker steif schlagen. Einige Tropfen schwarze Lebensmittelfarbe einrühren, bis die Sahne ein hübsches Grabsteingrau annimmt. Die gefärbte Schlagsahne auf den Kuchen geben und mit einem Spatel gleichmäßig auf der Oberseite und an den Seiten verteilen. Dunkle Schokoladensoße als »Teer« über den »Grabstein« laufen lassen.

Schoko-Acromantulas

Alle Welt hasst Spinnen – keine Ahnung, warum. Ich denke, diese possierlichen Tierchen werden vollkommen missverstanden. Klar, sie haben acht Beine, unzählige Facettenaugen und schlürfen ihre gelähmte Beute leer wie Fruchtsafttüten. Doch abgesehen davon sind das ganz bezaubernde Geschöpfe, und ungemein schmackhaft noch dazu. Vor allem ihr Nachwuchs gilt vielerorts als Delikatesse, und das völlig zurecht, wie dieses Rezept eindrucksvoll beweist!

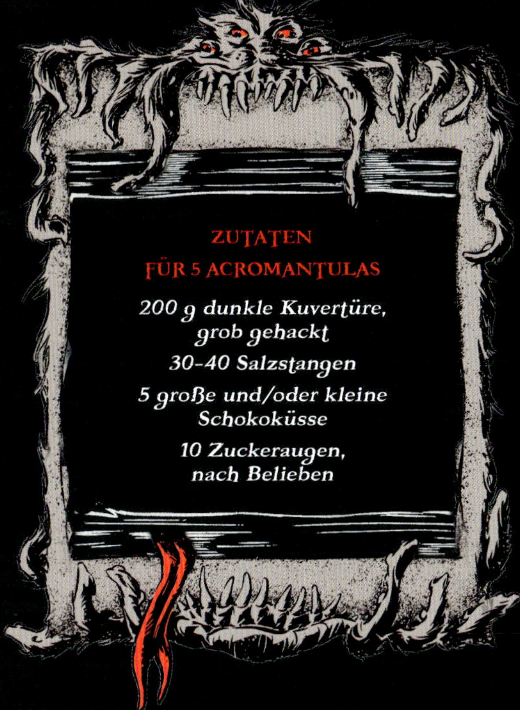

ZUTATEN
FÜR 5 ACROMANTULAS

200 g dunkle Kuvertüre, grob gehackt

30–40 Salzstangen

5 große und/oder kleine Schokoküsse

10 Zuckeraugen, nach Belieben

1. Ein Backblech oder ein Brett mit Backpapier auslegen.
2. Die grob gehackte Kuvertüre in eine Schüssel geben und über einem Wasserbad schmelzen. Dabei darauf achten, dass die Unterseite der Schüssel das kochende Wasser nicht berührt.
3. Die Salzstangen vorsichtig so durchbrechen, dass ihr ein kurzes und ein deutlich längeres Stück erhaltet. Diese beiden Stücke mit Hilfe der geschmolzenen Kuvertüre so wieder »zusammenkleben«, dass ein geknicktes Spinnenbein entsteht. Hierzu die Salzstangen am besten auf das Backblech legen, die Oberseite komplett mit der Schokolade überziehen und am »Gelenk« im gewünschten Winkel so lange vorsichtig andrücken, bis die Klebestelle getrocknet ist. Dann das »Spinnenbein« behutsam wenden und die andere Seite mit der Kuvertüre überziehen. Vollständig trocknen lassen.
4. Jetzt die Schokoküsse vorbereiten. Hierzu mit einem leicht angewärmten, spitzen Messer oder einem erwärmten Dosenstecher an den Stellen, wo die Spinnenbeine hinterher angebracht werden sollen, ganz vorsichtig Löcher in die Schokoladenhülle schmelzen (drei auf jeder Seite). Die getrockneten Spinnenbeine dann mit der kurzen »Gelenkseite« in die Löcher stecken und behutsam mit geschmolzener Kuvertüre versiegeln. Auf dem Backblech im Kühlschrank aushärten lassen.
5. Die übrige Kuvertüre anschließend erneut schmelzen und die Spinnen mit einem kleinen Backpinsel rundum damit bestreichen, um den Acromantulas ein bisschen mehr Struktur zu verleihen. Zu guter Letzt vorsichtig jeweils zwei Zuckeraugen auf die noch feuchte Schokolade legen und antrocknen lassen. Bis zum Verzehr im Kühlschrank aufbewahren.

Fledermausblutsuppe

Fledermäuse sind unter Zauberkundigen heiß begehrt, da ihre Milz eine wichtige Zutat für zahlreiche magische Heilmittel ist. Und auch für das Blut der Flattermänner gibt es zahlreiche Verwendungsmöglichkeiten. Eine davon ist diese: Man kann ein köstliches Süppchen daraus kochen! Welche Wirkung der Verzehr hat, ist bislang zwar wissenschaftlich noch nicht hinreichend erforscht, doch eins ist sicher: Diese Suppe macht süchtig! Nach dem ersten Löffel will man immer mehr davon. Also unbedingt mit Vorsicht genießen!

ZUTATEN
FÜR 5-6 PORTIONEN

700 g Sauerkirschen (aus dem Glas)

1 EL Speisestärke

600 g gemischte TK-Beeren (z. B. Himbeeren, Brombeeren, Johannisbeeren), aufgetaut

3 EL Zucker

1 Zimtstange

Vanillesoße, nach Belieben

1. Die Kirschen durch ein Sieb abgießen; den Saft auffangen.
2. In einer kleinen Schüssel 3 EL von dem Kirschsaft mit der Stärke verrühren und beiseitestellen. Den übrigen Kirschsaft mit 400 g der aufgetauten TK-Beeren, dem Zucker und der Zimtstange in einen Topf geben, bei mittlerer Hitze aufkochen und so lange unter stetem Rühren köcheln lassen, bis die Beeren allmählich auseinanderfallen (ca. 5 Minuten). Dann vom Herd nehmen, die Zimtstange entfernen und die Beeren mit einem Pürierstab sorgsam zerkleinern. Falls das Püree sehr fein sein soll, durch ein Sieb streichen. Dann zurück in den Topf geben.
3. Die angerührte Stärke nochmals gründlich durchrühren, dann unter das Beerenpüree mischen. Den Topf wieder auf den Herd stellen, das Püree aufkochen und bei geringer Hitze unter regelmäßigem Rühren ca. 5 Minuten köcheln lassen. Die Sauerkirschen und die restlichen Beeren dazugeben und alles erneut aufkochen. Vom Herd nehmen und die Grütze auf Zimmertemperatur abkühlen lassen. Danach für 4 Stunden in den Kühlschrank stellen.
4. Die Blutsuppe auf Gläser oder Dessertschälchen verteilen und warm oder kalt servieren. Dazu am besten Vanillesoße reichen.

Kohlrabenschwarz verkohltes Gebäck und schimmeliger Käse

Wenn es etwas gibt, das in einem Buch mit Rezepten für das schauerlichste Fest des Jahres nicht fehlen darf, dann ist es diese klassische Speisenkombination, die durch die alljährliche Todestagsfeier des Fast kopflosen Nick anno 1993 einige Berühmtheit erlangte. Entscheidend hierbei ist, das Gebäck möglichst lange bei hoher Temperatur im Ofen zu vergessen und den Käse schon Monate vor dem freudigen Anlass an einem feuchten, dunklen Ort zum »Reifen« auszulegen, damit er auch richtig schön verschimmelt ist, wenn schließlich die Gäste kommen!

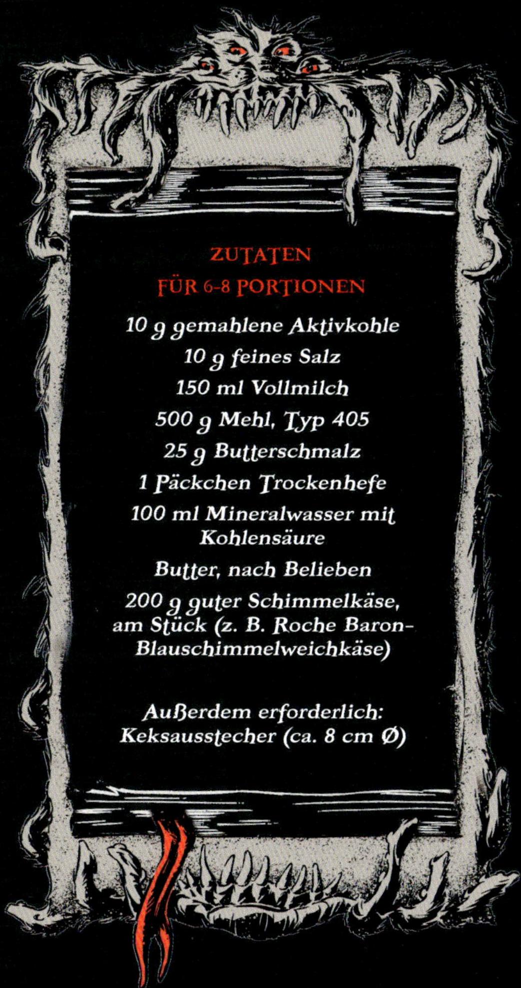

ZUTATEN
FÜR 6-8 PORTIONEN

10 g gemahlene Aktivkohle
10 g feines Salz
150 ml Vollmilch
500 g Mehl, Typ 405
25 g Butterschmalz
1 Päckchen Trockenhefe
100 ml Mineralwasser mit Kohlensäure
Butter, nach Belieben
200 g guter Schimmelkäse, am Stück (z. B. Roche Baron-Blauschimmelweichkäse)

Außerdem erforderlich:
Keksausstecher (ca. 8 cm Ø)

1. In einer kleinen Schüssel die Aktivkohle, das Salz und die Milch miteinander verrühren. 10 Minuten ziehen lassen.
2. In einer separaten Schüssel das Mehl, das Butterschmalz und die Trockenhefe vermengen. Das Mineralwasser dazugießen, alles gründlich verrühren und mit den Händen so lange durchkneten, bis ein weicher, elastischer Teig entsteht. Daraus eine Kugel formen, mit einem sauberen Geschirrtuch abdecken und an einem warmen Ort mindestens eine Stunde gehen lassen.
3. Den Teig anschließend mit einem Nudelholz auf einer leicht mit Mehl bestreuten Oberfläche ca. 1 cm dick ausrollen. Mit einem Keksausstecher so viele Teigkreise wie möglich ausstechen. Den übrigen Teig wieder verkneten, von neuem ausrollen und weitere Kreise ausstechen, bis der gesamte Teig aufgebraucht ist. Die Teigscheiben mit einem sauberen Geschirrtuch abdecken und nochmals eine halbe Stunde gehen lassen.
4. Eine antihaftbeschichtete Bratpfanne dünn mit Butter einpinseln, bei mittlerer Hitze erwärmen und die Teigscheiben jeweils ca. 2-3 Minuten pro Seite aufbacken. Das fertige Gebäck zum Abtropfen auf einen mit Küchenpapier ausgelegen Teller legen und das Ganze so lange wiederholen, bis alle Teigscheiben aufgebraucht sind.
5. Am besten warm zusammen mit etwas Butter und einem Stück gutem Schimmelkäse servieren!

Gefüllte Schrumpfköpfe

Schrumpfköpfe sind in der Zauberwelt keine Seltenheit. Während die Blacks die abgehackten Schädel ihrer nicht länger benötigten Hauselfen auf ihrem Familiensitz als Deko missbrauchen, dienen die Köpfe, die man in der Nokturngasse kaufen kann, zur Herstellung eher fragwürdiger Zaubertinkturen. Auf die Idee, die magisch konservierten kleinen Dinger zu essen, ist bislang allerdings noch keiner gekommen. Dabei sind die Zubereitungsmöglichkeiten schier endlos: Man kann sie dämpfen, kochen, braten, dünsten und mit allerlei Kötzlichkeiten füllen, so wie bei diesem Rezept.

ZUTATEN
FÜR 6 PORTIONEN

6 große Paprikas, rot und grün
500 g Thüringer Mett
2 EL Saure Sahne
Salz, Pfeffer
Muskatnuss, frisch gemahlen
2 EL Öl
2 Schalotten, fein gehackt
150 g Schinkenwürfel
400 g Pizzatomaten (aus der Dose)
500 g passierte Tomaten
3 EL Tomatenketchup
3 EL gekörnte Suppenbrühe
5 Wacholderbeeren
2 Lorbeerblätter
250 g Vollkornspaghetti

1. Den Backofen auf 180 °C Umluft vorheizen.
2. Die Paprikas waschen und mit Küchenpapier trockentupfen. Mit einem scharfen Messer den Deckel samt Stiel sauber kappen und beiseitelegen. Die Kerne und die weißen Häute im Innern der Paprika entfernen. Mit einem kleinen, scharfen Messer eine grässliche Visage in die Paprika schnitzen.
3. In einer Schüssel das Thüringer Mett mit der sauren Sahne vermengen und mit Pfeffer, Salz und etwas frisch gemahlener Muskatnuss würzen. Die ausgehöhlten Paprikas bis zum Rand mit dem Hackfleisch füllen und die Oberseite glattstreichen.
4. In der Pfanne bei mittlerer Hitze das Öl erwärmen. Die Schalotten hineingeben und glasig dünsten (ca. 2-3 Minuten). Die Schinkenwürfel dazugeben und anbraten. Die Pizzatomaten, das Tomatenpüree, den Ketchup, die Suppenbrühe, die Wacholderbeeren und die Lorbeerblätter hinzufügen, zum Köcheln bringen und unter stetem Rühren fünf Minuten köcheln lassen. Dann in eine hohe Auflaufform geben und alles gut vermengen. Schließlich die gefüllten Paprikas so in der Tomatensoße versenken, dass sie fast vollständig davon bedeckt sind. Auf mittlerer Schiene für ca. 45-50 Minuten in den Ofen geben. Die Paprikas in dieser Zeit regelmäßig mit der Soße übergießen, damit sie nicht trocken werden.
5. Ca. 15 Minuten vor Ende der Garzeit der »Schrumpfköpfe« nach Packungsanleitung die Vollkornpasta zubereiten. Gründlich abgießen.
6. Sobald die Paprikas durchgegart sind, die Vollkornspaghetti auf tiefen Tellern anrichten und jeweils einen »Schrumpfkopf« darauf arrangieren. Die Lorbeerblätter und die Wacholderbeeren aus der Soße entfernen und entsorgen. Die Tomatensoße gründlich durchrühren und großzügig über die »Schrumpfköpfe« geben. Sofort servieren.

Verdorbener Fisch

MIT ALKOHOL!

Der Fast kopflose Nick – eigentlich Sir Nicholas de Mimsy-Porpington – ist der Hausgeist von Gryffindor und verdankt den Umstand, seit über fünfhundert Jahren tot zu sein, einem dummen Missverständnis: Als er anno 1492 einer Adeligen mit einem Zauber die schiefen Zähne richten wollte, wuchsen der Hochwohlgeborenen stattdessen ein Paar unschöner Fangzähne. Doch anstatt Sir Nicholas seinen Patzer beheben zu lassen, wurde er kurzerhand zum Tode verurteilt. Seitdem spukt er in Hogwarts herum, wo er zum Gedenken seines Todestags alljährlich am 31. Oktober eine Feier veranstaltet, zu der in ihrem ersten Jahr an der Zauberschule auch Harry, Ron und Hermine eingeladen waren – selbst wenn sie auf diese Ehre angesichts der doch eher fragwürdigen Speisenauswahl ihres Gastgebers wie z. B. diesem verdorbenen Fisch lieber verzichtet hätten.

ZUTATEN
FÜR 4 PORTIONEN

2 Bio-Zitronen
1½–2 kg Rotbarsch, ausgenommen, im Ganzen, mit Kopf
75 ml Olivenöl
2 Schalotten, fein gewürfelt
4 Knoblauchzehen, fein gehackt
2 rote Paprika, in schmalen Streifen
200 ml Rotwein (trocken)
250 g Pizzatomaten (aus der Dose)
2 Lorbeerblätter
1 TL Paprikapulver (rosenscharf)
½ TL Cayennepfeffer
Salz
1 kleine Prise Zucker
300 ml Fischfond
Etwas frische Petersilie, fein gehackt

1. Die Zitronen gründlich waschen. Die Zeste einer Zitrone abreiben. Beide Zitronen auspressen. Die gesäuberten Fische innen und außen großzügig mit dem Zitronensaft bepinseln. Beiseitestellen.
2. In einem großen Schmortopf bei hoher Hitze das Öl erwärmen. Die Schalotten hineingeben und glasig dünsten. Den Knoblauch und die Paprikawürfel kurz mit anschwitzen. Mit dem Rotwein ablöschen. Die Pizzatomaten, die Lorbeerblätter und den Rosenpaprika dazugeben, mit Cayennepfeffer, Salz und einer kleinen Prise Zucker würzen. Mit dem Fischfond aufgießen und bei mittlerer Hitze 5 Minuten köcheln lassen.
3. Die Fische innen und außen salzen, im Ganzen so in die Soße legen, dass sie vollständig von Flüssigkeit bedeckt sind, und ca. 30 Minuten sanft köcheln lassen. Abschmecken, etwas Petersilie unterheben, mit weiterer frisch gehackter Petersilie bestreuen und mit Brot oder Reis servieren.

Aragogs Brut

Eine riesige Spinne wie Aragog legt natürlich auch riesig viele Eier – die sich auf so vielfältige Weise zubereiten lassen, dass man allein hierfür ein ganzes Kochbuch produzieren könnte. (Und ein ziemlich dickes noch dazu.) Dies ist jedenfalls mein Acromantula-Rezept Nr. 32991, auch bekannt als Riesenspinneneier mit Schleimhaube. Na, dann: Guten Appetit!

ZUTATEN
FÜR 6-8 PORTIONEN

8 mittelgroße Eier
2 Avocados
2 TL Zitronensaft, möglichst frisch gepresst
2 EL Frischkäse
1 EL Wasabi
500 ml Blaubeersaft
Salz, Pfeffer
Etwas Kümmelsaat, als Garnitur

1. In einem mittelgroßen Topf Wasser zum Kochen bringen. Die Eier hineingeben und 8-10 Minuten hartkochen. Das Wasser abgießen und die Eier in einer Schüssel mit eiskaltem Wasser abschrecken. Die Eier herausnehmen, mit Küchenpapier trockentupfen und mit einem Esslöffel ringsum behutsam anschlagen, sodass die Schale feine Risse bekommt.
2. Den Blaubeersaft in eine Schüssel geben und die Eier vorsichtig so hineinlegen, dass sie vollständig von Saft bedeckt sind. Mindestens 3-4 Stunden, am besten aber über Nacht in den Kühlschrank stellen, damit der Saft richtig einziehen kann.
3. Die Eier aus dem Saft nehmen, mit Küchenpapier abtupfen und pellen. Die Eier sind jetzt ringsum mit feinen, dunklen »Äderchen« überzogen. Die Eier dann mit einem sehr scharfen Messer halbieren und mit einem Löffel vorsichtig das Eigelb entfernen.
4. Das Eigelb in eine kleine Schüssel geben. Die Avocado der Hälfte nach aufschneiden und mit einem Löffel das Fruchtfleisch entfernen. Das Fruchtfleisch zusammen mit dem Zitronensaft, dem Frischkäse und dem Wasabi mit in die Schüssel geben und alles mit einem Stabmixer fein pürieren. Mit Salz und Pfeffer abschmecken.
5. Die Guacamole-Creme in einen Spritzbeutel geben und vorsichtig in die ausgehöhlten Eierhälften füllen. (Alternativ einfach von einem Gefrierbeutel eine kleine Ecke abschneiden.) Sparsam schwarze Kümmelsaat auf die Füllung geben und auf einem großen Servierteller anrichten.

Natürlich kann man statt des Blaubeersafts auch andere farbige Flüssigkeiten verwenden, z. B. Rote-Beete-Saft, Kirschsaft oder ganz einfach Wasser mit Lebensmittelfarbe. Hauptsache, am Ende sehen die Eier angemessen … monströs aus! Übrigens: Der verwendete Saft ist hinterher noch bedenkenlos trinkbar und schmeckt genauso wie vorher!

RIP
TOM
RIDDLE

Friedhofssteine

Friedhöfe sind die reinsten Delikatessenläden. Abgesehen von all dem Gewürm, den Knochen und dem Grabmoos, das dort im Überfluss auf euch wartet, findet man auf Totenackern auch Steine mit ihrem ganz eigenen, unverwechselbaren Geschmack von Verfall und Verwesung. Vor dem Verzehr sollte man allerdings unbedingt eine Zahnzusatzversicherung abschließen oder einen guten Wiederherstellungszauber für abgebrochene Beißerchen kennen!

ZUTATEN FÜR MEHRERE DUTZEND STEINE

200 ml gesüßte Kondensmilch

340 g weiße Schokolade, grob gehackt

100 g Schokokekskrümel

Schwarze Lebensmittelfarbe oder Kakaopulver

30 g ganze Mandeln

1. In einem kleinen Topf bei niedriger Hitze die Kondensmilch und die gehackte weiße Schokolade vermischen. Unter gelegentlichem Rühren mehrere Minuten erwärmen, bis die Schokolade zur Hälfte geschmolzen ist, dann vom Herd nehmen und weiterrühren, bis das Ganze glatt und geschmeidig ist.
2. Die Kekskrümel einrühren und die Masse gleichmäßig auf drei Schüsseln verteilen. Jeweils so viel Lebensmittelfarbe oder Kakaopulver in jede der Schüsseln geben, wie nötig ist, um verschiedene Grau- und Schwarzschattierungen zu bekommen. Das Karamell so weit abkühlen lassen, dass man damit arbeiten kann, ohne sich die Finger zu verbrennen. Dann kleine Löffel der Masse aus der Schüssel nehmen, jeweils um eine Mandel zusammendrücken und zu einem groben »Stein« formen. Auf ein mit Backpapier ausgelegtes Backblech legen und vollständig abkühlen lassen. In einem luftdicht verschließbaren Behältnis aufbewahren.

MIT ALKOHOL!

Voldemorts Leibspeise

Mit Ihr-wisst-schon-wem nett Essen zu gehen ist nicht unbedingt etwas, das man im Spiegel Nerhegeb sehen möchte. Zumal unklar ist, ob der Dunkle Lord sich überhaupt von etwas anderem nährt als von seiner Gier nach Macht und Zerstörung. Doch hätte Voldemort ein Leibgericht, dann wär's mit Sicherheit dieses. Nur die Hölle brennt heißer!

ZUTATEN
FÜR 6-8 PORTIONEN

2 EL Olivenöl
100 g Schinkenwürfel
2 Schalotten, fein gehackt
1 Knoblauchzehe, fein gehackt
2 EL Tomatenmark
800 g Thüringer Mett
200 ml trockener Rotwein
800 g Kidneybohnen, abgetropft
400 g Pizzatomaten (aus der Dose)
150 g mexikanisches Gemüse (aus der Dose)
300 g Tomatenpüree
2 Lorbeerblätter
1 Tasse kalter Kaffee
1 großzügiger Spritzer Zitrone
1 rote Chilischote, fein gehackt
1 kleine Prise Zimt
1 kleine Prise Zucker
Pfeffer, Salz, Paprikapulver, Oregano, Cayennepfeffer

1. In einem großen Topf bei mittlerer Hitze das Olivenöl erwärmen. Die Schinkenwürfel dazugeben und scharf anbraten. Die Schalotten und den Knoblauch hinzufügen und glasig anschwitzen. Das Tomatenmark unterrühren und kurz anrösten. Das Hackfleisch hinzugeben, alles gut miteinander vermengen und unter gelegentlichem Rühren ringsum anbraten. Mit dem Rotwein ablöschen.

2. Die Kidneybohnen, die Pizzatomaten und das mexikanische Gemüse zusammen mit dem Tomatenpüree und den Lorbeerblättern in den Topf geben. Mit einer Tasse kaltem Kaffee aufgießen, alles gut verrühren und bei niedriger Hitze unter regelmäßigem Rühren 20 Minuten köcheln lassen.

3. Zum Ende der Garzeit den Zitronensaft, die fein gehackte Chilischote und den Zimt hineingeben. Eine kleine Prise Zucker unterrühren. Nach Belieben mit Pfeffer, Salz, Oregano, Paprikapulver und Cayennepfeffer würzen. Aber Vorsicht mit der Schärfe: Lieber nochmal nachwürzen, als zu riskieren, dass das Ganze zu feurig wird!

POTION

Augapfelbowle

Keine Todestagsfeier wäre komplett ohne eine anständige Bowle, und diese hier ist die ideale Erfrischung an glühend heißen Sommerabenden oder bei einem Betriebsausflug in die Hölle. Die meisten Zutaten sind kinderleicht zu beschaffen. Bloß an die Acromantula-Augen, die man dafür braucht, kommt man ein bisschen schwieriger dran, da die Biester ihre Glubscher ums Verrecken nicht freiwillig hergeben wollen, und das, obwohl sie mehr als genug davon haben! Doch glaubt mir: Die Mühe lohnt sich!

ZUTATEN
FÜR 8-10 PORTIONEN

2 große Dosen Litschis (mit Saft, je ca. 400 g)
100 g frische Blaubeeren
330 ml Holunder-Bionade
100 ml Himbeersirup
Rote Lebensmittelfarbe (bei Bedarf)
1 l eiskalte Zitronenlimonade
Zerstoßenes Eis

1. Die Litschis durch ein Küchensieb abtropfen lassen und den Saft auffangen. Ins Kernloch jeder Litschi eine passend große Blaubeere stecken, die als »Iris« dient. So bekommt ihr im Handumdrehen einen ganzen Schwung grässlich authentischer Augäpfel!
2. Den Litschisaft in eine entsprechend große Bowleschüssel geben. Die Holunder-Limo und den Himbeersirup hinzufügen und alles gut miteinander vermischen. Sollte das Ganze nicht »blutig« genug aussehen, noch etwas rote Lebensmittelfarbe einrühren.
3. Die »Augen« vorsichtig in die Bowle geben, behutsam umrühren, mit Frischhaltefolie abdecken und 2-3 Stunden im Kühlschrank ziehen lassen. Dann schwimmen die »Augen« oben und sind über und über von roten Äderchen durchzogen. Vorsichtig mit der eiskalten Zitronenlimonade aufgießen und flüchtig verrühren.
4. Vor dem Servieren etwas zerstoßenes Eis in die Bowle geben.

Wer Augenbowle mit etwas mehr »Schmackes« vorzieht, ersetzt die Zitronenlimonade kurzerhand durch Grapefruit-Weizenbier und gibt noch 100 ml Apfelkorn oder Wodka dazu. Da wird selbst der grimmigste Hausgeist heiter!

Kürbissuppe

Wenn es etwas gibt, das untrennbar mit dem schauerlichsten Fest des Jahres verbunden ist, dann ist das Kürbissuppe. Kein Wunder: Nichts sieht unappetitlicher aus als diese zähflüssige, orange-gelbe Pampe, die zu allem Überfluss auch noch ganz schrecklich gesund ist. Harry jedenfalls liebt Kürbissuppe, und spätestens, wenn ihr einen Löffel hiervon gekostet habt, versteht ihr auch, warum!

ZUTATEN
FÜR 4–6 PORTIONEN

1 mittelgroßer Hokkaido-Kürbis (ca. 1½ kg)
2 EL Butter
2 Schalotten, fein gehackt
1 Knoblauchzehe, fein gehackt
200 g Kartoffeln, gewürfelt
1 Karotte, fein geraspelt
Paprikapulver edelsüß
2 EL Mehl
800 ml Gemüsebrühe
100 ml Weißwein
100 ml Kokosmilch
2 cm frischer Ingwer, fein gerieben
3 EL Currypulver
50 g Schlagsahne
Salz, Pfeffer
Etwas frisch gehackter Koriander (optional)

1. Den Backofen auf 80 °C Ober-/Unterhitze vorheizen. Ein Backblech mit Backpapier auslegen.
2. Den Kürbis waschen und vierteln. Mit einem Esslöffel sorgfältig die Kerne und Fäden herauskratzen und entsorgen. Den Kürbis mitsamt der Schale in grobe Stücke schneiden, auf das Backblech geben und 20 Minuten im Ofen garen. Dann herausnehmen, überschüssige Flüssigkeit abgießen und beiseitestellen.
3. Derweil in einem großen Topf bei mittlerer Hitze die Butter erwärmen. Die Schalotten und den Knoblauch glasig anschwitzen. Die Kürbiswürfel dazugeben und kurz mitdünsten. Die Kartoffeln und die Karottenraspeln dazugeben, das Paprikapulver und das Mehl darüberstreuen und alles miteinander vermischen. Dann mit der Gemüsebrühe, dem Weißwein und der Kokosmilch aufgießen. Kurz aufkochen und bei schwacher Hitze unter gelegentlichem Rühren ca. 25 Minuten zugedeckt köcheln lassen.
4. Den geriebenen Ingwer und das Currypulver hineingeben. Die Suppe mit einem Pürierstab vorsichtig im Topf pürieren, die Sahne hinzufügen und kräftig mit Salz und Pfeffer abschmecken. Nach Belieben mit etwas frisch gehacktem Koriander bestreut servieren.

Den Weißwein bei diesem Rezept kann man auch problemlos weglassen. Allerdings solltet ihr dann einen Spritzer Essig in die Suppe geben, um dem Gericht eine gewisse Säure zu verleihen. Denn ihr wisst ja: Sauer macht lustig!

Skele-Wachs

MIT ALKOHOL!

Eine wohlgemeinte Warnung vorweg: Dieses garstige Gebräu lässt sich ums Verrecken nicht ohne Alkohol zubereiten! Also entweder macht man's richtig oder lässt es gleich bleiben. Halbe Sachen gibt's da nicht. Das ist wie mit dem Totsein. Zumal ihr hiermit gleich zwei Friedhofsfliegen mit einer Klappe schlagt, denn solltet ihr euch unter dem berauschenden Einfluss dieses Gesöffs die Knochen brechen, wachsen sie gleich wieder zusammen! Echt praktisch!

ZUTATEN
FÜR 1 TRANK

50 ml Eierlikör

20 ml Kirschsirup oder Johannisbeerlikör

1 EL Heidelbeermarmelade

Außerdem erforderlich:
Zahnstocher

1. Den Eierlikör in eine Sektschale geben. Behutsam die Hälfte des Kirschsirups bzw. des Johannisbeerlikörs in die Mitte des Eierlikörs gießen.
2. Den restlichen Sirup bzw. Likör in einer kleinen Schüssel mit der Heidelbeermarmelade verrühren und vorsichtig in die Mitte des Eierlikörs gießen. Dann einen Zahnstocher so durch das Glas ziehen, dass sich blutrote Schlieren wie »Adern« durch den Trank ziehen. Sofort servieren!

Hexenbesen

Heutzutage findet man in jedem Zauberhaushalt wenigstens einen fliegenden Besen, da es für Magiebegabte selbstverständlich ist, diese praktischen Fluggeräte für so ziemlich alles zu verwenden, vom Besensport bis hin zum allmorgendlichen Flug auf den Hexenmarkt. Doch während aktuelle Modelle wie der legendäre Nimbus 2000 oder Harrys Feuerblitz über alle möglichen Funktionen verfügen, waren die ersten Flugbesen ziemlich unbequem und besaßen bloß simple Steuerfunktionen – was manchmal allerdings völlig ausreicht, so wie bei diesen Besen, die ohnehin nur ein Ziel haben: in eurem Mund zu landen!

ZUTATEN
FÜR 10 HEXENBESEN

10 Schnittlauchhalme

5 Scheiben Gouda (oder nach Belieben anderer gut »biegsamer« Scheibenkäse)

10 Salamisticks, möglichst schmal

1. Den Schnittlauch in eine Schale geben, mit kochendem Wasser übergießen und 5 Minuten ziehen lassen. Abgießen und den Schnittlauch zum Abtropfen auf einen mit Küchenpapier ausgelegten Teller legen.
2. Die Käsescheiben übereinanderlegen und längs halbieren bzw. so, dass das »Größenverhältnis« zu den Salamisticks passt, die ihr verwendet. Die Käsescheiben dann auf einem Schneidebrett auf einer Seite in regelmäßigen Abständen von ca. 5 mm einschneiden; dabei ca. 2 cm Platz zum oberen Rand lassen.
3. Die Salamisticks jeweils am nicht eingeschnittenen Ende der Käsescheiben ansetzen und den Käse vorsichtig darum herumwickeln. Jeweils mit einem blanchierten Schnittlauchhalm umwickeln und vorsichtig zuknoten. Den überstehenden Schnittlauch mit einer Schere kappen.

Pumpkin
juice

Kürbissaft

Als Harry in seinem ersten Jahr in Hogwarts am Halloweenmorgen aufwacht, weht der köstliche Geruch gebackener Kürbisse durch die Gänge der Zauberschule. Für Harry ist das nur noch ein Grund mehr, sich eilends aus dem Bett zu schwingen, denn er liebt Kürbisse über alles, egal, ob als Pastete, als Kuchen, als Suppe – oder, wie in diesem Fall, als Saft.

ZUTATEN
FÜR CA. 2 L KÜRBISSAFT

500 g Kürbis, grob gewürfelt
200 g Rohrzucker
1½ l Wasser
1 Päckchen Zitronensäure
10 ml Aprikosenaroma
1 EL Vanilleextrakt
Mineralwasser mit Kohlensäure (optional)

Außerdem erforderlich:
2 leere Flaschen (à 1 l)

1. Den Backofen auf 175 °C vorheizen. Ein Backblech mit Backpapier auslegen.
2. Die Kürbiswürfel mit Alufolie umwickeln, auf das Blech geben und ca. 20 Minuten im Backofen garen, bis der Kürbis weich ist und sich die Schale leicht vom Fleisch lösen lässt. Das Kürbisfleisch dann in eine Schüssel geben und mit einem Stabmixer fein pürieren.
3. Das Kürbispüree zusammen mit dem Zucker und dem Wasser in einen großen Topf geben. Zum Kochen bringen und bei schwacher Hitze unter stetem Rühren ca. 20 Minuten köcheln lassen. Die Zitronensäure, das Aprikosenaroma und das Vanilleextrakt unterrühren, alles gut vermischen und in zwei heiß ausgespülte 1-l-Flaschen füllen. Die Flaschen verschließen und im Kühlschrank lagern. Gut gekühlt ist der Kürbissaft 3-4 Tage haltbar.
4. Sollte der Kürbissaft euch zu dickflüssig sein, unmittelbar vor dem Servieren mit etwas Mineralwasser (mit Kohlensäure) vermischen!

Im Gegensatz zu den meisten anderen Kürbissaft-Rezepten ist dieses hier süßlich statt herzhaft und schmeckt am besten gut gekühlt!

Maden-Haggis

Haggis ist an sich schon keine Speise für zartbesaitete Gemüter und Menschen, die ungern kulinarische Experimente wagen. Doch wenn man das Zeug ein paar Monate liegenlässt, haben zumindest die Maden ihre Freude daran – und die Partygäste vom Fast kopflosen Nick, der diesen Gaumengraus gern bei seiner alljährlichen Todestagsfeier auftischt.

ZUTATEN
FÜR 4 PERSONEN

1 Schafsmagen
1 Schafsniere
1 Schafsherz
1 Schafslunge
1 Lorbeerblatt
4 Wacholderbeeren
1 Gewürznelke
2 Zwiebeln, fein gewürfelt
200 g Hafermehl
1 Schafsleber
100 g Nierenfett
Salz, Pfeffer
1 Prise Muskatnuss
1 Prise Cayennepfeffer
Gekochter Reis, nach Belieben

Außerdem erforderlich:
Nähnadel, Küchengarn

1. Den Schafsmagen sorgsam waschen; die Hautlappen und das Fett entfernen und den Magen über Nacht in kaltem Salzwasser einweichen. Dann umstülpen, innen gründlich waschen und die Innenseiten des Magens mit der stumpfen Seite eines Messers vorsichtig abschaben.
2. Die Niere, das Herz und die Lunge in einen großen Topf geben und mit kaltem, kräftig gesalzenem Wasser bedecken. Das Lorbeerblatt, die Wacholderbeeren und die Nelke hinzufügen, bei mittlerer Hitze zum Kochen bringen und ca. 1½ Stunden offen köcheln lassen. Dann vom Herd nehmen, die Brühe durch ein Sieb in einen anderen Topf abgießen und die gekochten Innereien beiseitestellen.
3. In einer Pfanne bei mittlerer Hitze die Zwiebeln und das Hafermehl ohne Fett goldbraun rösten. Die Hälfte der Leber, das Herz und die Lunge (ggf. vorher die Luftröhre entfernen) fein würfeln. Den Rest der Leber und das Nierenfett grob hacken und in einer separaten Schüssel miteinander vermengen.
4. Das gegarte Fleisch, die Leber-Fett-Mischung und die Hafermehl-Zwiebel-Mixtur in einer großen Schüssel vermengen und kräftig mit Salz, Pfeffer, Muskatnuss und Cayennepfeffer würzen. Nach und nach unter stetem Rühren mit der aufgefangenen Brühe aufgießen, bis eine weiche Masse entsteht.
5. Die Masse in den ausgewaschenen Schafsmagen füllen. Achtung: Den Magen nur zu ⅔ voll machen, da sich der Hafer beim Kochen ausdehnt! Anschließend behutsam die Luft aus dem Magen drücken, grob mit Nähnadel und Küchengarn zunähen und mehrfach mit einem Messer einstechen. Dann in einem großen Topf bei mittlerer Hitze ohne Deckel ca. 3-4 Stunden kochen; verkochtes Wasser dabei immer wieder auffüllen.
6. Nach dem Kochen das Garn entfernen und auf einer Servierplatte mit gekochtem weißen »Maden«-Reis anrichten. Vorsicht: Der Magen steht unter Druck! Beim Anschneiden behutsam vorgehen, sonst sind im schlimmsten Fall neue Tapeten fällig!

Geisterstangen

Die meisten Leute haben Angst vor Gespenstern. Dabei besteht dazu absolut kein Anlass, denn die meisten Geister sind ganz herzallerliebst. Diese hier sind dafür das beste Beispiel: total gechillt, drollig anzuschauen und so zuckersüß, dass man sie einfach mögen muss!

ZUTATEN
FÜR CA. 20 STÜCK

150 g weiße Kuvertüre, grob gehackt
125 g dicke Salzstangen

Außerdem erforderlich:
Schwarzer Lebensmittelstift

1. Ein Wasserbad aufsetzen. Hierzu Wasser in einen Topf geben, ein kleinere Metallschüssel hineinstellen und bei niedriger Hitze auf dem Herd erwärmen. Dann ⅔ der grob gehackten Kuvertüre darin schmelzen; dabei darauf achten, dass die Unterseite der Schüssel das Wasser nicht berührt! Außerdem darf das Wasser nicht kochen! Sobald sich die Kuvertüre vollständig verflüssigt hat, die übrige Schokolade hinzufügen und alles etwas abkühlen lassen. Dann die Schokomasse behutsam wieder auf 32 °C erwärmen und die Schüssel aus dem Wasserbad nehmen.
2. Die Salzstangen nun zügig in die flüssige Schokolade tauchen, da die Kuvertüre beim Abkühlen schnell wieder fest wird. Die Salzstangen zu ca. ⅔ mit der weißen Schokolade überziehen und anschließend aufrecht in ein Glas stellen, mit der Schokoseite nach oben und ein bisschen Abstand zueinander, damit die »Geisterstangen« nicht zusammenkleben.
3. Die Salzstangen ca. 15 Minuten trocknen lassen. Sobald die Schokolade getrocknet ist, mit einem schwarzen Lebensmittelstift gruselige Geisterfratzen auf die Kuvertüre malen.

Gebratene Hippogreifschenkel

Hippogreife sind anmutige, stattliche Geschöpfe – und ungeheuer wohlschmeckend noch dazu! Besonders ihre Schenkel haben es mir angetan. Fleischig, saftig und pikant gewürzt … Hätte Harry dieses grandiose Rezept seinerzeit schon gekannt, wäre Seidenschnabel womöglich nicht so glimpflich davongekommen …

ZUTATEN
FÜR 3-4 PORTIONEN

2 EL getrockneter Salbei
2 EL getrockneter Rosmarin
3 EL getrockneter Thymian
4 EL Paprikapulver (edelsüß)
2 EL Salz
2 EL Cayennepfeffer
400 ml Teriyaki-Soße
100 ml Buttermilch
6 Hähnchenschenkel

1. Jeweils die Hälfte vom Salbei, dem Rosmarin, dem Thymian, dem Paprikapulver, dem Salz, dem Cayennepfeffer, der Teriyaki-Soße sowie die gesamte Buttermilch in einer kleinen Schüssel vermengen. In einen verschließbaren Gefrierbeutel füllen.
2. Die Hähnchenschenkel kurz abspülen, mit Küchenpapier trockentupfen und in den Beutel mit der Marinade geben. Den Beutel verschließen, die Marinade ins Fleisch einmassieren und dann für mindestens 3 Stunden in den Kühlschrank legen, am besten über Nacht.
3. Die Hähnchenschenkel aus der Marinade nehmen. Die Marinade entsorgen, die restlichen Zutaten in einen kleinen Topf geben und bei mittlerer Hitze unter stetem Rühren 30 Minuten einreduzieren, bis ein schön glänzender, dunkler Lack entsteht. Vom Herd nehmen und etwas abkühlen lassen.
4. Unterdessen den Backofen auf 160 °C Umluft vorheizen. Ein Ofengitter in die mittlere Schiene schieben; darunter eine große Schale mit einem Fingerbreit Wasser stellen, um herabtropfendes Fett aufzufangen.
5. Die Hühnerschenkel ringsum großzügig mit dem Würzlack einpinseln und auf das Ofengitter legen. 40-45 Minuten locker mit Alufolie abgedeckt im Backofen garen; nach 20 Minuten wenden und erneut mit der Würzmischung bepinseln.
6. Ist die Zeit um, die Hühnerschenkel mit der übrigen Würzmischung einpinseln, die Alufolie entfernen und die Hitze für 5 Minuten auf 220 °C Oberhitze erhöhen, damit die Haut schön knusprig wird. Anschließend aus dem Ofen nehmen, auf einem großen Teller anrichten und sofort servieren.

Grabwürmer

Friedhöfe sind von Natur aus eigentlich keine sonderlich appetitanregenden Orte, jedenfalls nicht für Muggel. Für gewisse Geister, Ghule und Todesser hingegen schon. Und natürlich für Würmer. Die finden hier jede Menge köstliche Snacks, mit denen sie sich die Wampe vollschlagen können – bis sie irgendwann selbst auf der Speisekarte landen.

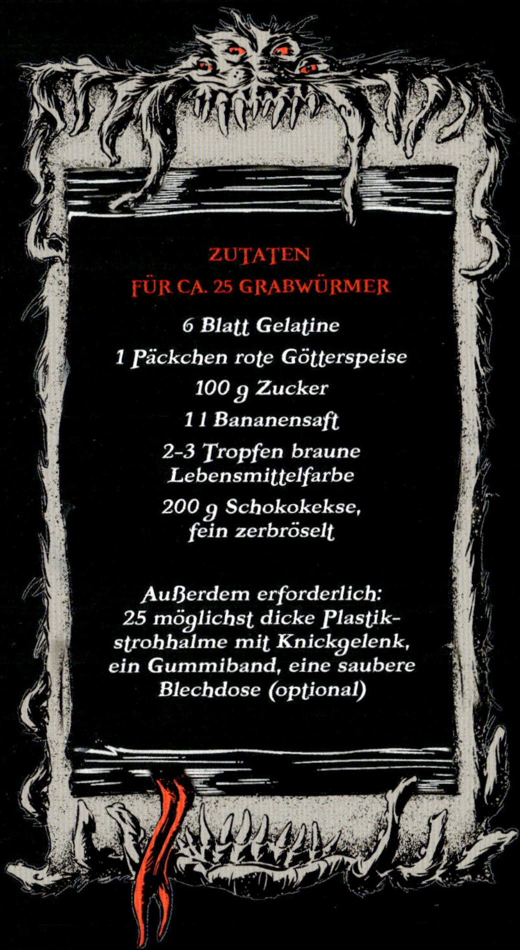

ZUTATEN
FÜR CA. 25 GRABWÜRMER

6 Blatt Gelatine
1 Päckchen rote Götterspeise
100 g Zucker
1 l Bananensaft
2–3 Tropfen braune Lebensmittelfarbe
200 g Schokokekse, fein zerbröselt

Außerdem erforderlich:
25 möglichst dicke Plastikstrohhalme mit Knickgelenk, ein Gummiband, eine saubere Blechdose (optional)

1. Die Strohhalme am Knickgelenk zu voller Länge ausziehen und mit der geriffelten Seite nach unten in ein großes, hohes Glas stellen; dabei so viele Strohhalme verwenden, bis keine weiteren mehr in das Behältnis passen. Die Strohhalme dann dicht unterhalb des oberen Endes straff mit einem Gummiband umwickeln.
2. Die Gelatine einige Minuten in einem Schälchen mit kaltem Wasser einweichen. Anschließend abgießen und die Gelatine leicht ausdrücken. Beiseitestellen.
3. Das Götterspeisepulver und den Zucker in einem mittelgroßen Topf vermischen und mit dem Schneebesen unter stetigem Rühren den Bananensaft dazugießen. So lange weiterrühren, bis keinerlei Klümpchen mehr zu sehen sind. Etwas braune Lebensmittelfarbe unterrühren, damit die »Würmer« möglichst echt aussehen, und das Ganze bei mittlerer Hitze unter regelmäßigem Rühren so lange erhitzen, bis die Flüssigkeit fast kocht – aber nur fast! Dann vom Herd nehmen und mit dem Schneebesen die aufgeweichte Gelatine einrühren. Die Götterspeise in einen Messbecher oder ein anderes Gefäß umfüllen, mit dem man genauer dosieren kann.
4. Die Götterspeise von oben langsam, nach und nach, in die zusammengebundenen Strohhalme gießen, bis ca. 5 cm unter dem oberen Rand. Ihr müsst dabei nicht jedes Röhrchen einzeln befüllen! Es genügt, wenn ihr die Götterspeise einfach in die Mitte gießt, da sich die äußeren Halme durch den ansteigenden Flüssigkeitspegel am Boden des Glases ganz von selbst füllen. Die Strohhalme anschließend für mindestens 8 Stunden in den Kühlschrank stellen, am besten über Nacht.
5. Aus dem Kühlschrank nehmen, das Gummiband entfernen und die Strohhalme kurz unter laufendes warmes Wasser halten. Mit Küchenpapier abtrocknen und die Würmer behutsam einen nach dem anderen aus den Plastikröhrchen drücken. In einer Schüssel vorsichtig mit den zerbröselten Schokokeksen vermischen und auf Wunsch in einer gründlich ausgewaschenen Blechdose servieren. Guten Appetit!

Blutlutscher

Seid gewarnt: Diese Lutscher sind ein echter Schocker – ein Zuckerschocker! Von wegen, Zucker ist was ganz Schlimmes! Das Gegenteil ist der Fall: Zucker macht Spaß! Zucker macht Freude! Zucker bringt die Menschen zusammen! Dank dieser Leckerei lernt ihr lauter neue Leute kennen, z. B. Madam Pomfrey, die Heilerin im Krankenflügel von Hogwarts, die mit einem ihrer hilfreichen Tränke eure Zahnschmerzen lindert.

ZUTATEN
FÜR CA. 15–20 LUTSCHER

75 ml Wasser
225 g Zucker
40 g Traubenzucker
½ TL Zitronensäurepulver (in Lebensmittelqualität)
Rote Lebensmittelfarbe (Gel oder flüssig)

Außerdem erforderlich:
Zuckerthermometer, Silikonform für Lutscher, Lutscherstiele, Zahnstocher

1. Die Lutscherstiele in der Lutscher-Silikonform platzieren.
2. Das Wasser, den Zucker und den Traubenzucker in einen kleinen Topf geben und unter stetem Rühren bei mittlerer Hitze erwärmen, bis sich der Zucker vollständig aufgelöst hat. Dann die Hitze erhöhen und ab sofort nicht weiter rühren. Mit dem Zuckerthermometer fortwährend die Temperatur kontrollieren. Bei 155 °C unverzüglich vom Herd nehmen und auf eine hitzebeständige Unterlage stellen.
3. Zügig die Zitronensäure unterrühren und die Masse vorsichtig in die Silikonform gießen. Achtung: Heiß!
4. Einen Zahnstocher in die rote Lebensmittelfarbe tunken und blutrote Schlieren in jeden Lutscher »zeichnen«.
5. Die Lutscher vollständig aushärten lassen. Erst dann aus der Form lösen. Am besten in einem luftdicht verschließbaren Behälter verwahren.

Magisches Blasenbrot

Für Harry ist Molly Weasley die beste Köchin der Welt. Kein Wunder, schließlich zehrt Mrs. Weasley oft und gern von den vielen Kochbüchern im Fuchsbau. Eins davon trägt den Titel *Backen mit Magie*. Aus diesem Werk könnte problemlos auch dieses zauberhafte Rezept stammen, das ideal zu herzhaften Speisen, Suppen und Dips passt.

ZUTATEN
FÜR 1 BLASENBROT

500 g Mehl
1 Päckchen Trockenhefe
1 TL Salz
1 Prise Zucker
2 EL Olivenöl
300 ml lauwarmes Wasser
100 g geriebener Parmesankäse
120 g weiche Kräuterbutter
Pizzagewürz

Außerdem erforderlich:
ein rundes 28er-Backblech oder eine 28er-Springform

1. In einer Rührschüssel das Mehl und die Trockenhefe vermischen. Das Salz, den Zucker und das Öl hineingeben, das Wasser hinzufügen und alles mit den Händen mindestens 10 Minuten gründlich verkneten. Anschließend locker mit einem Geschirrtuch abgedeckt mindestens 50 Minuten an einem warmen Ort gehen lassen.
2. Ist der Teig aufgegangen, die Hälfte des geriebenen Käses dazugeben und nochmals gut durchkneten. Jeweils ca. 15 g Teig abstechen, zu Bällchen formen und auf dem Backblech oder in der Springform nahtlos zu einem runden Laib aneinanderlegen. Abgedeckt 15 Minuten gehen lassen.
3. Derweil ein rundes Backblech (ca. 28 cm Ø) großzügig mit ca. 50 g der Kräuterbutter bepinseln. Die übrige Kräuterbutter in einer kleinen Schüssel in der Mikrowelle schmelzen, nach Belieben das Pizzagewürz hineingeben und verrühren.
4. Den Backofen auf 180 °C Heißluft vorheizen.
5. Das Blasenbrot mit einem Backpinsel großzügig mit der Würzbutter bestreichen. In den Ofen geben und 15 Minuten backen. Dann den restlichen Parmesankäse darüberstreuen und nochmals ca. 5-10 Minuten goldbraun backen. Vor dem Servieren einige Minuten abkühlen lassen.
6. Nach Belieben z. B. mit Teufelssoße, Guacamole und Tzatziki auftischen (siehe »Höllisches Dreierlei«, S. 88).

Sandwich-Nagini

Nagini ist so etwas wie Voldemorts Haustier – und eine echte Killerin! Genau wie diese Sandwich-Version der »Riesenschlange«, die ratzfatz jeden noch so großen Hunger um die Ecke bringt aus der man nicht mehr wiederkommt.

ZUTATEN FÜR 1 SANDWICH-SCHLANGE (CA. 5-6 PORTIONEN)

500 g Brotbackmischung, nach Wahl
Mayonnaise
Etwas frischer Blattsalat
150 g Salami, in Scheiben
150 g Kochschinken, in Scheiben
150 g Scheiben Edamer
2 Tomaten, in dünnen Scheiben
Salz, frisch gemahlener weißer Pfeffer
1 getrocknete Tomate
1 Olive mit Paprika, halbiert
2 Peperoni

Außerdem erforderlich:
2 Zahnstocher

1. Nach Packungsanleitung den Brotteig zubereiten. Auf einer leicht mit Mehl bestreuten Oberfläche mit den Händen zu einem länglichen Laib formen, leicht plattdrücken und in eine grobe S-Form bringen, sodass das Ganze einer sich schlängelnden Schlange ähnelt. Die Oberfläche in regelmäßigen Abständen leicht diagonal mit einem Messer einritzen. Vorsichtig auf ein mit Backpapier ausgelegtes Backblech legen und im vorgeheizten Ofen gemäß Anleitung backen (meist ca. 20-30 Minuten). Aus dem Ofen nehmen und auf dem Backblech 20 Minuten abkühlen lassen.
2. Sobald die Brotschlange abgekühlt ist, der Länge nach vollständig aufschneiden, sodass ihr eine untere und eine obere Hälfte bekommt. Die Schnittfläche der Unterseite mit etwas Mayonnaise bestreichen, mit frischem Blattsalat belegen und großzügig mit Salami, Kochschinken, Käse und Tomatenscheiben garnieren. Nach Belieben mit Salz und Pfeffer würzen. Wiederum etwas Mayo darauf geben und die Oberseite des Brotes aufsetzen. Leicht andrücken.
3. Eine längliche, getrocknete Tomate auf einer Seite so einschneiden, dass sie an die gespaltene Zunge einer Schlange erinnert, und im »Maul« der Sandwich-Schlange platzieren.
4. Mit einem kleinen, scharfen Messer behutsam zwei »Augenhöhlen« in den Kopf der Schlange bohren und jeweils eine halbierte Paprika-Olive so hineinschieben, dass das Ganze an Augen gemahnt.
5. Jeweils einen Zahnstocher zur Hälfte in eine Peperoni schieben und damit am »Unterkiefer« der Sandwich-Schlange befestigen (siehe Bild). Zeitnah servieren.

Mad-Eye-Moody-Spieße

Alastor Moody gilt als der berühmteste Auror aller Zeiten. Er kämpfte im Ersten und Zweiten Zaubererkrieg und büßte dabei ein Bein, einen Teil seines Riechkolbens und eins seiner Augen ein, das später durch eine ziemlich auffällige Zauberprothese ersetzt wurde, die Moody nicht immer vollends zu gehorchen scheint und gerne mal eigenwillig in der Gegend rumglotzt. Dieser Umstand und sein grimmiges, paranoides Wesen brachten Moody nicht bloß den Spitznamen »Mad Eye« ein, sondern dienten ebenso als Inspiration für diesen ganz besonderen ... öhem ... Augenschmaus.

ZUTATEN
FÜR CA. 16 SPIESSE

5 Eier
100 g Zucker
2 Päckchen Vanillezucker
1 MSP Salz
1 MSP Backpulver
350 g Mehl
300 ml Milch
Abrieb und Saft von 1 Zitrone
Rote Lebensmittelfarbe
50 ml Mineralwasser mit Kohlensäure
20 g Butter
Schokocreme
2 Bananen, in ca. 3 cm großen Stücken
Fertige Zuckergussaugen

Außerdem erforderlich:
16 Holzspieße

1. Die Eier, den Zucker und den Vanillezucker in einer Schüssel mit einem Handmixer schaumig schlagen. Das Salz, das Backpulver, das Mehl, die Milch, den Zitronensaft und den Zitronenabrieb unterrühren und alles so lange vermischen, bis der (möglichst glatte und flüssige) Teig anfängt, leichte Blasen zu werfen. Den Teig dann für eine halbe Stunde in den Kühlschrank stellen.
2. In der Zwischenzeit etwas rote Lebensmittelfarbe mit Wasser anrühren.
3. Dem Teig nach der Ruhezeit einen Schuss Mineralwasser hinzufügen und alles nochmals gründlich verrühren.
4. In einer Bratpfanne die Butter schmelzen. Anschließend vom Herd nehmen und schwenken, sodass sich die Butter gleichmäßig in der heißen Pfanne verteilt.
5. Pro Pfannkuchen eine Schöpfkelle Teig in die Pfanne geben und kurz schwenken, sodass der Pfannenboden vollständig mit Teig bedeckt ist. Nun den Pfannkuchen bei mittlerer Hitze ausbacken. Sobald die Oberseite stockt und sich der Pfannkuchen mit einem Pfannenwender problemlos anheben lässt, ist er fest genug, dass man ihn wenden kann, um ihn von der anderen Seite schön goldbraun zu braten. Den fertigen Pfannkuchen auf einen flachen Teller geben und genauso mit dem übrigen Teig verfahren.
6. Einen Pfannkuchen ganzflächig mit Schokocreme bestreichen und eine geschälte Banane in die Mitte legen. Den Pfannkuchen nun behutsam um die Banane herum zusammenrollen. Den Pfannkuchen mit der Banane mit einem scharfen Messer in ca. 3 cm breite Stücke schneiden und jeweils zwei davon so auf einen Holzspieß stecken, dass es wie ein Augenpaar aussieht.
7. Jeweils ein Zuckergussauge behutsam in die Bananenstücke drücken, um die Augen zu komplettieren. Nun mit einem feinen Pinsel oder einem Zahnstocher mit der Lebensmittelfarbe die roten Äderchen auftragen, um den Augen den letzten Schliff zu verleihen.

GRYFFINDOR

Höllisches Dreierlei

Es gibt Dinge, die gehören einfach zu einer zünftigen Halloween-Party: verdorbener Fisch, rabenschwarz verkohltes Gebäck und schimmeliger Käse, magisches Blasenbrot – und natürlich die passenden Dips für all diese Kötzlichkeiten!

**ZUTATEN
FÜR EINE GROSSE SCHÜSSEL**

1 Salatgurke
1 kleine Möhre, fein geraspelt
4 Knoblauchzehen, gepresst
500 g griechischer Joghurt
2 EL Olivenöl
2 Spritzer Zitronensaft
Salz, Pfeffer

**ZUTATEN
FÜR EINE KLEINE SCHÜSSEL**

5 EL Tomatenketchup
5 EL Chilisoße
2 EL Ajvar
1-2 EL Sambal Oelek, nach Belieben
½ Schalotte, fein gehackt
1 Knoblauchzehe, gepresst

**ZUTATEN
FÜR EINE MITTLERE SCHÜSSEL**

4 mittelgroße, reife Avocados
2 Tomaten, sehr fein gewürfelt
½ Schalotte, fein gehackt
Saft von ½ Zitrone
2 Knoblauchzehen, sehr fein gehackt
1 EL Naturjoghurt
Salz, schwarzer Pfeffer

Tzatziki

1. Die Gurke waschen, schälen und längs halbieren. Die Kerne herausschneiden. Die Gurke raspeln, in eine Schüssel geben, großzügig salzen und nach 30 Minuten durch ein Sieb abgießen; das Gurkenwasser auffangen. Die Gurke in ein sauberes Küchentuch füllen und die übrige Flüssigkeit herauspressen. Den »Gurkenbrei« in eine kleine Schüssel geben. Das Gurkenwasser beiseitestellen.
2. Die Möhre und die Knoblauchzehen zusammen mit dem Joghurt, dem Gurkenbrei und dem Gurkenwasser in eine große Schüssel geben. Gut durchrühren. Mit Olivenöl und Zitronensaft würzen und kräftig mit Salz und Pfeffer abschmecken. Locker mit Frischhaltefolie abgedeckt mindestens sechs Stunden im Kühlschrank ziehen lassen, am besten über Nacht. Vor dem Servieren nochmals gründlich durchrühren. Leicht gekühlt genießen!

Teufelssosse

1. Den Ketchup, die Chilisoße, den Ajvar und nach Belieben Sambal Oelek in eine kleine Schüssel geben, je nachdem, wie scharf der Dip werden soll. Die Schalotte und den Knoblauch hinzufügen und gut durchrühren. Locker mit Frischhaltefolie abgedeckt mindestens eine Stunde im Kühlschrank ziehen lassen. Vor dem Servieren nochmals gründlich durchrühren. Vorsicht: Feurig!

Guacamole

1. Die Avocados vorsichtig halbieren und die Kerne entfernen. Mit einem Löffel das Fruchtfleisch aus der Schale lösen und mit einer Gabel in einer Schüssel fein zerdrücken. Die Tomatenwürfel, die Schalotte, den Zitronensaft, den Knoblauch und den Joghurt dazugeben und alles gründlich verrühren. (Wer es feiner mag, sollte einen Pürierstab verwenden.) Mit Salz und Pfeffer abschmecken. Vor dem Servieren nochmals gründlich durchrühren! Am besten leicht gekühlt genießen!

Zauberäpfel

Jedes Kind weiß, dass man von verzauberten Äpfeln lieber die Finger lassen sollte, da die Folgen für jene, die davon kosten, meist eher unangenehm sind. Zum Glück verhält sich das bei dieser speziellen Sorte völlig anders: Alles, was euch nach dem Verzehr dieser Zauberäpfel erwartet, sind Glücksgefühle. Das, und vielleicht ein bescheidener Zuckerschock …

ZUTATEN
FÜR 4 ZAUBERÄPFEL

4 säuerliche Äpfel
400 g Zucker
1 TL Zitronensaft
60 ml Wasser
Rote Lebensmittelfarbe

Außerdem erforderlich: vier Stöcke (ca. 1 cm dick und 20 cm lang)

1. Ein Backblech mit Backpapier auslegen.
2. Die Äpfel waschen und gründlich abtrocknen. Die Stiele entfernen und je einen Stock so in jeden Apfel stecken, dass der Apfel fest darauf sitzt.
3. In einem mittelgroßen Topf bei mittlerer Hitze unter stetem Rühren den Zucker, den Zitronensaft und das Wasser erwärmen. So lange rühren, bis sich der Zucker vollständig aufgelöst hat. So viel von der Lebensmittelfarbe einrühren, bis das gewünschte Rot erreicht ist. Die Masse dann unter beständigem Rühren köcheln lassen, bis sie anfängt zu karamellisieren.
4. Den Topf vom Herd nehmen, auf eine hitzestabile Unterlage stellen und die Äpfel einen nach dem anderen umgedreht in die dickflüssige Masse eintauchen. Vorsicht: Sehr heiß! Den Apfel langsam drehen und wenden, bis er rundherum mit roter Zuckermasse überzogen ist.
5. Überschüssiges Karamell abtropfen lassen. Die Äpfel dann so zum Trocknen auf das vorbereitete Backblech legen, dass sie das Backpapier möglichst wenig berühren. Am besten noch am selben Tag genießen, spätestens jedoch innerhalb von drei Tagen.

Würgzungentoffees

Rons Brüder Fred und George sind nicht bloß echte Scherzkekse, sondern auch überaus geschäftstüchtig. Ihre zauberhaften Zauberscherze erfreuen sich unter der Schülerschaft von Hogwarts größter Beliebtheit. Zu ihren Verkaufsschlagern gehören neben Kotzpastillen und Fieberfondant auch diese Würgzungentoffees, die die Zunge anschwellen und bis zu einen Meter lang werden lassen. Mit diesem amüsanten Nebeneffekt kann diese Würgzungen-Variante zwar nicht aufwarten, aber magisch ist sie trotzdem – magisch köstlich!

ZUTATEN
FÜR CA. 5-6 PORTIONEN

Ca. 25 TUC-Cracker
220 g Butter
200 g Zucker
350 g dunkle Kuvertüre, grob gehackt
Zum Verzieren:
kleine Salzbrezeln, Krokant, gehackte Pekannüsse, usw.

1. Ein kleines Blech mit Backpapier auslegen und den Backofen auf 170 °C Ober-/Unterhitze vorheizen.
2. Die Cracker in einer gleichmäßigen Schicht nahtlos auf dem ganzen Blech verteilen. An den Rändern der Form ggf. Stückchen von den Crackern abbrechen, damit sie sauber abschließen.
3. Die Butter und den Zucker in einen kleinen Topf geben und bei mittlerer Hitze unter regelmäßigem Rühren langsam zum Kochen bringen. 2 Minuten köcheln lassen.
4. Die Butter-Zucker-Masse gleichmäßig über die Cracker gießen, mit einem Küchenspatel glatt verstreichen und für ca. 10 Minuten in den vorgeheizten Backofen geben. Dann herausnehmen und einige Minuten abkühlen lassen.
5. In der Zwischenzeit die dunkle Schokolade in einer kleinen Schüssel über einem Wasserbad schmelzen. Dabei darauf achten, dass die Unterseite der Schüssel das Wasser nicht berührt. Die geschmolzene Schokolade dann gleichmäßig über die ausgekühlten Toffeecracker geben und mit dem Küchenspatel behutsam glattstreichen. Jetzt nach Herzenslust z. B. mit kleinen Salzbrezeln, Krokant und gehackten Pekannüssen dekorieren. Anschließend aushärten lassen.
6. Die Würgzungentoffees auf einem Schneidebrett mit einem großen, scharfen Messer nach Belieben in Stücke schneiden und in einem luftdicht verschließbaren Behältnis lagern.

Knabberhautfetzen

Keine Frage, das Beste an Brathähnchen ist die Haut, schön knusprig und gut gewürzt! Dummerweise hängt an Hühnern außer der Haut aber noch alles Mögliche andere dran, z. B. der gesamte Rest des Federviehs. Um eine ordentliche Menge dieser köstlichen Knabberei aufzutischen, braucht man also entweder jede Menge totes Geflügel und viel Zeit – oder ihr spart euch die Plackerei, ein Federvieh nach dem anderen zu häuten, und bestellt beim Metzger eures Vertrauens einfach bloß die Haut, ohne das ganze lästige Drumrum!

ZUTATEN
FÜR 4–6 PORTIONEN

750 g Hühnerhaut (von ca. 3–4 Hühnern), ohne überschüssiges Fett

Salz, Pfeffer, Paprikapulver

3 EL Senf

2 EL Honig

3 EL Teufelssoße (siehe S. 88)

2 EL Chiliflocken

Frisch gehackte rote Chili, als Garnitur

Fein geriebene Limonenzeste, als Garnitur

1. Den Backofen auf 180 °C vorheizen und ein Backblech mit Backpapier auslegen.
2. Die Hühnerhaut in Stücke von ca. 10 cm Ø schneiden (da sie beim Garen merklich schrumpfen), von beiden Seiten leicht mit Salz, Pfeffer und Paprikapulver würzen und mit etwas Abstand zueinander auf das Backblech legen. Eine weitere Schicht Backpapier oben drauflegen und hierauf wiederum ein zweites Backblech oder ein anderes »Gewicht«, um das Ganze runterzudrücken. So bleiben die Chips schön flach. Ca. 20 Minuten im Ofen garen.
3. In der Zwischenzeit n einer kleinen Schüssel den Senf, den Honig und die Teufelssoße mit den Chiliflocken verrühren. Ist die Garzeit um, die Oberseite der Hühnerhautstücke großzügig mit der Mixtur bestreichen. Die Hautfetzen nach 10 Minuten wenden und die Oberseite erneut mit der scharfen Soße bestreichen. Nochmals 10 Minuten garen, bis die Chicken Chips schön kross und goldbraun sind.
4. Die Chicken Chips zum Abtropfen auf einen mit Küchenpapier ausgelegten Teller geben. Etwas abkühlen lassen. Unmittelbar vor dem Servieren sparsam die frisch geriebene Limonenzeste darüber streuen. Nach Belieben mit weiterer Teufelssoße als Dip servieren.

Am Sinnvollsten ist es, dieses Rezept mit der Zubereitung von Hühnerfrikassee oder einem ähnlichen Geflügelgericht zu kombinieren, um ohne große Mühe an die erforderliche Hühnerhaut zu kommen. Alternativ kann man bereits abgezogene Hühnerhaut aber auch problemlos im Internet bestellen.

Acromantula-Augen im Speckmantel

Wie als Ausgleich dafür, dass Acromantula-Augen so schwer zu bekommen sind, gibt es, wenn man sie erstmal hat, unzählige Verwendungsmöglichkeiten dafür. Man kann sie beispielsweise zur Herstellung magischer Tränke und Salben verwenden, Bowle damit machen – oder sie ganz einfach roh als Snack verputzen. Da bekommt die Bezeichnung »Augenschmaus« gleich eine völlig neue Bedeutung!

ZUTATEN
FÜR 12 ACROMANTULA-AUGEN

175 g Frischkäse, nach Wahl
12 Scheiben Serrano-Schinken
12 Paprika-Oliven (aus dem Glas), abgetropft

1. Den Frischkäse in einem Sieb abtropfen lassen. Mit den Händen behutsam zusammendrücken, um so viel von der Restflüssigkeit herauszupressen wie möglich.
2. Den Frischkäse dann zu augapfelgroßen Kugeln formen. Jeweils eine Olive mit der »Paprika-Iris« so hineinschieben, dass noch ca. ⅓ der Olive herausragt, und den Frischkäse behutsam andrücken.
3. Jeweils eine Scheibe Schinken so um die Kugeln wickeln, dass das Ganze einem Augapfel ähnelt. Mit etwas Abstand zueinander auf einem großen Servierteller arrangieren. Bis kurz vor dem Servieren locker abgedeckt mit Frischhaltefolie im Kühlschrank lagern.

Dementorenkugeln

Jedes Lebewesen muss sich von irgendwas ernähren, und alles Unverdauliche, das dabei übrig bleibt, wird wieder ausgeschieden. Das gilt für alles Leben, egal, ob Muggel, Trolle oder Malfoys. So will es die Natur. Das hier sind die Absonderungen von Dementoren, die ja bekanntlich von negativen Emotionen zehren. Dafür allerdings sind diese Astralködel überraschend köstlich. Man darf nur nicht daran denken, wo sie herkommen ...

ZUTATEN
FÜR CA. 25 STÜCK

30 g Butter
100 g Schlagsahne
200 g Zartbitterschokolade, fein gehackt
1 EL Rum, Whiskey oder Orangenlikör
40 g Backkakao
Etwas grobes Meersalz

1. Die Butter in kleine Stücke schneiden. Die Sahne bei niedriger Hitze in einem kleinen Topf aufkochen, vom Herd nehmen und die gehackte Schokolade und die Butter hineingeben. Kurz abwarten, dann so lange umrühren, bis alles komplett geschmolzen ist. Wiederum etwas abkühlen lassen und den Alkohol unterrühren. Die Masse für 3-4 Stunden, am besten aber über Nacht in den Kühlschrank stellen.
2. Aus der abgekühlten Masse mit den Händen kleine, mundgerechte Kugeln formen (ca. 5 cm Durchmesser), gleichmäßig in Backkakao wälzen und von allen Seiten mit grobem Meersalz bestreuen. Vorsicht: Die Masse schmilzt sehr schnell und klebt an den Fingern wie Dementoren an schlechten Erinnerungen! Darum möglichst zügig arbeiten, die Hände zwischendurch immer wieder mit kaltem Wasser abspülen und gut abtrocknen! Im Kühlschrank sind die Dementorenkugeln mehrere Tage haltbar.

Auf Wunsch kann man den Alkohol auch weglassen. Dann sind die Kugeln zwar immer noch köstlich, aber nicht mehr ganz so aromatisch.

Zauberkessel

Jeder hat in der Schule seine Lieblingsfächer und die, die man weniger mag. Harry bildet da keine Ausnahme. Besonders »Zaubertränke« gehört nicht unbedingt zu seinen Favoriten – was allerdings vor allem an seinem Lehrer Severus Snape liegt. Diesen köstlichen Zauberkesseln zum Tränkebrauen könnte aber nicht mal der Junge, der überlebt hat, widerstehen!

ZUTATEN
FÜR CA. 10-12 KESSEL

150 g weiche Butter zzgl. noch etwas mehr zum Einfetten der Muffinform
125 g Zucker
1 Päckchen Vanillezucker
1 Prise Salz
3 Eier
250 g Mehl
½ Päckchen Backpulver
150 ml Milch
2 TL Backkakao
400 g Vollmilchkuvertüre, grob gehackt
Grüne Götterspeise (fertig)

Außerdem erforderlich:
eine 12er-Muffinform

1. Den Backofen auf 180 °C Ober-/Unterhitze vorheizen. Die Mulden der Muffinform mit etwas Butter einfetten.
2. In einer Schüssel die Butter mit dem Zucker, dem Vanillezucker und dem Salz mit einem elektrischem Handrührgerät aufschlagen. Dann einzeln die Eier einarbeiten.
3. In einer separaten Schüssel das Mehl und das Backpulver miteinander vermischen und nach und nach dazugeben; dabei zwischendurch immer etwas Milch dazugießen (insgesamt 125 ml). Alles gründlich durcharbeiten. Dann ¾ des Teigs in die vorbereitete Muffinform füllen.
4. Den Rest des Teigs mit der übrigen Milch und dem Backkakao vermengen. Den Schokoteig gleichmäßig auf dem hellen Teig in den Muffinförmchen verteilen. Die Teige in den Backmulden mit einer kleinen Kuchengabel leicht vermischen.
5. Die Muffins ca. 25-30 Minuten im Ofen backen. Dann herausnehmen und in der Form vollständig auskühlen lassen.
6. Sind die Muffins ausgekühlt, behutsam aus der Form lösen und umgedreht auf die Arbeitsfläche stellen. (Die »Unterseite« ggf. mit einem scharfen Messer etwas begradigen, damit der »Kessel« besser steht.) Dann mit einem kleinen, scharfen Messer und einem kleinen Löffel vorsichtig die Kesselöffnung ausschneiden und den Muffin ca. 1-2 cm tief aushöhlen. Dabei darauf achten, dass die »Kesselwände« intakt bleiben!
7. Über einem Wasserbad die Kuvertüre schmelzen. Einen kleinen Teil der Kuvertüre in einen Spritzbeutel mit sehr feiner Tülle geben. Ein Backblech mit Backpapier auslegen und mit dem Spritzbeutel die Henkel der Kessel darauf spritzen. Dazu am besten vorher die gewünschte Form mit einem Stift aufs Backpapier zeichnen. Die Schokolade fest werden lassen.
8. Derweil die Muffins mit einem Backpinsel ringsum gleichmäßig mit der übrigen Kuvertüre bestreichen; in der Mitte der Seite ruhig ein bisschen mehr auftragen, damit das Ganze stärker einem Kessel ähnelt (siehe Bild). Jeweils einen Henkel in jeden Kessel stecken; eventuell mit etwas Kuvertüre festkleben. Bis zum Anrichten im Kühlschrank lagern.
9. Unmittelbar vor dem Servieren die Götterspeise aus dem Kühlschrank nehmen, grob zerkleinern und mit einem kleinen Löffel vorsichtig etwas davon in die Kessel geben. Sofort auftischen.

Wolfsbane Potion

Wolfsbanntrank

Der Wolfsbanntrank hilft Werwölfen wie Remus Lupin, die Zeit ihrer Verwandlung bewusst zu erleben und dadurch trotz ihrer animalischen Gestalt die Kontrolle über sich zu behalten, um nicht blindwütig über hilflose Opfer herzufallen. Wichtig dabei ist, dass der Trank in der Woche vor Vollmond täglich eingenommen wird, da er sonst nicht wirkt. Also braut am besten gleich genug hiervon, damit ihr in jedem Fall auf der sicheren Seite seid!

ZUTATEN
FÜR 3-4 TRÄNKE

50 ml Wodka
100 ml Blue Curaçao
150 ml Cranberrysaft
50 ml Grenadine-Sirup
75 ml Sweet & Sour-Sirup
Schwarze Lebensmittelfarbe (optional)
Eiswürfel

1. In einem kleinen Krug den Wodka, den Blue Curaçao, den Cranberrysaft, die Grenadine und den Sweet & Sour-Sirup miteinander verrühren. Sollte die Färbung nicht lila genug sein, 1-2 Tropfen schwarze Lebensmittelfarbe hineingeben und gründlich einrühren.
2. Jeweils einige Eiswürfel in Rocks-Gläser geben, mit dem Wolfsbanntrank aufgießen und sofort servieren.

Um eine weniger hochprozentige Version dieses Tranks zu Brauen, einfach den Wodka weglassen und statt zum alkoholhaltigen Blue Curacao zur alkoholfreien Variante greifen!

Drachenfleischbällchen

Nicht alle, aber doch viele Drachen sind ziemlich üble Gesellen, die unachtsame Seelen schneller ins Jenseits befördern, als einem lieb sein kann. Spätestens seit seiner Begegnung mit dem ungarischen Hornschwanz beim Trimagischen Turnier kann Harry ein Lied davon singen. Dabei können Drachen auch sehr gefällig sein – ja, richtig gewürzt und zubereitet sind sie sogar ein wahrer Gaumengraus!

ZUTATEN
FÜR CA. 30–40
FLEISCHBÄLLCHEN,
JE NACH GRÖSSE

1 kg Thüringer Mett
100 g Crème fraîche
2 Schalotten, fein gehackt
1 Ei, aufgeschlagen
50 g Semmelbrösel
1 EL Knoblauchpulver
2 EL Senf (mittelscharf)
1 EL geräuchertes Paprikapulver
1 Prise frisch geriebene Muskatnuss
Salz, Pfeffer
3 EL Butter
Barbecuesoße
1 Frühlingszwiebel, fein gehackt, als Garnitur

Außerdem erforderlich:
Halloween- oder Harry-Potter-Pikser (optional)

1. Das Hackfleisch, die Crème fraîche, die Schalotten, das Ei, die Semmelbrösel, das Knoblauchpulver, den Senf, das Paprikapulver und die Muskatnuss in eine Rührschüssel geben, nach Belieben mit Pfeffer und Salz würzen und mit den Händen kräftig durcharbeiten, um alles gut zu vermischen.

2. Mit leicht angefeuchteten Händen aus der Hackfleischmasse mundgerechte Bällchen formen.

3. Die Butter in eine möglichst große Pfanne geben und bei mittlerer Hitze schmelzen. Nach und nach, in mehreren Schüben, die Fleischbällchen ringsum kräftig anbraten (ca. 5 Minuten); dabei mehrmals wenden. Die gebratenen Fleischbällchen zum Abtropfen auf einen mit Küchenpapier ausgelegten Teller geben.

4. Die abgetropften Fleischbällchen auf einem großen Servierteller arrangieren. Mit Barbecuesoße beträufeln und etwas frisch gehackte Frühlingszwiebel darüber streuen. Nach Belieben einen Halloween- oder Harry-Potter-Pikser in jedes Drachenfleischbällchen stecken und möglichst sofort servieren, damit die Bällchen nicht trocken werden.

Herzhafte Heuler

Anders als bei Muggeln werden Briefe in der Zauberwelt nicht von gelangweilten Postboten zugestellt, sondern von Eulen – oder, falls es sich um besonders unliebsame Schreiben handelt, von Heulern. Diese magischen Umschläge beharren mit schriller Stimme darauf, geöffnet zu werden, und halten erst die Klappe, nachdem sie den Empfänger mit einer wahren Schimpftirade überschüttet haben. Diese herzhaften Heuler sind da ganz anders: Ihr könnt sie gefahrlos öffnen, und das, was sie für euch bereithalten, ist garantiert alles andere als unangenehm!

ZUTATEN FÜR 4 HEULER

2 Päckchen TK-Pizzateig (à ca. 400 g)
8 Scheiben Kochschinken
4 Scheiben Schnittkäse (z. B. Gouda)
4-6 EL Tomatensoße
Pizzagewürz
1 Ei, leicht geschlagen
4 schwarze Oliven, entsteint
¼ rote Paprika

Außerdem erforderlich:
ein klassischer, quadratischer Briefumschlag (optional)

1. Den TK-Teig aus dem Kühlschrank nehmen und 10 Minuten auftauen lassen. Dann auf der Arbeitsfläche ausbreiten und zu den kürzeren Seiten hin etwas dünner ausrollen, sodass der Teig an Länge gewinnt und ihr ein grobes Rechteck bekommt. Dieses Rechteck dann so halbieren, dass ihr zwei Hälften von jeweils ca. 24 x 24 cm erhaltet. Sollte euer Teig dafür nicht ausreichen, die Maße einfach entsprechend so anpassen, dass es hinhaut.
2. Den Backofen auf 200 °C Ober-/Unterhitze vorheizen.
3. Die Quadrate so auf ein mit Backpapier ausgelegtes Backblech legen, dass ihr zwei Rauten vor euch habt; dies erleichtert es, die Teigbögen wie Briefumschläge zu falten. Falls ihr einen geeigneten Briefumschlag zur Hand habt, diesen bündig auf die Rauten legen und mit einem Messerrücken die Faltlinien vorprägen – das erleichtert euch später das Umschlagen der Ecken. Aber Vorsicht: Den Teig dabei nicht durchschneiden!
4. Etwas Tomatensoße im inneren Viereck verteilen, mit Pizzagewürz bestreuen, dann den Schinken und den Käse darauflegen. Dabei beachten, dass die Ränder und Ecken des Teigs frei bleiben müssen.
5. Nun vorsichtig mit einem breiten Messer oder einer Winkelpalette die Ecken umschlagen. Zuerst die seitlichen Ecken, dann die untere und zum Schluss die obere. Die Ränder mit einem Backpinsel mit geschlagenem Ei bestreichen, damit das Ganze besser zusammenklebt. Für ca. 20-25 Minuten im vorgeheizten Ofen backen.
6. Derweil die Paprika in »mundförmige« Streifen und die Oliven in »augenähnliche« Spalten schneiden.
7. Sobald die Heuler fertig gebacken sind, aus dem Ofen nehmen und mit etwas geschlagenem Ei als »Kleber« den Mund und die Augen anbringen. Sofort servieren.

Gilly Water

Kürbispasteten

Harry liebt Kürbisse, egal in welcher Zubereitungsform: als Saft, als Kuchen, als Suppe, vor allem aber als Pastete. Seit er auf seiner allerersten Fahrt zur Zauberschule zum ersten Mal Kürbispasteten gegessen hat, gehören sie für ihn zu jeder Reise im Hogwarts Express dazu. Tatsächlich wären Harry und Ron womöglich nie Freunde geworden, wenn Harry ihm seinerzeit nicht im Tausch gegen Rons verhasste Corned Beef-Stulle, die Mrs. Weasley ihrem Sohn als Wegzehrung eingepackt hatte, welche von seinen Pasteten abgegeben hätte.

ZUTATEN FÜR CA. 8 PASTETEN

Für den Teig:

350 g Mehl zzgl. noch etwas mehr zum Bestäuben der Arbeitsfläche
200 g Butter
150 g Schmand

Für die Füllung:

1 kleiner Hokkaidokürbis, entkernt, püriert
Etwas Kürbiskernöl
1 Prise Salz
50 g Schmand
1 kräftige Prise Pfeffer
1 kräftige Prise Muskatnuss
1 Ei

Zum Bestreichen:

1 Ei
1 EL Milch

Außerdem erforderlich:
ein runder Keksausstecher (ca. 10 cm Ø)

1. Das Mehl, die Butter und den Schmand in einer Schüssel zu einem glatten, geschmeidigen Teig kneten. Fest in Frischhaltefolie gewickelt ca. 1-2 Stunden in den Kühlschrank legen.
2. Den Backofen auf 175 °C Ober-/Unterhitze vorheizen. Ein Backblech mit Backpapier auslegen.
3. Den Teig dünn auf einer leicht mit Mehl bestäubten Oberfläche ausrollen und mit einem Keksausstecher acht Kreise ausstechen. Mit etwas Abstand zueinander auf das vorbereitete Backblech legen.
4. Das Kürbisfleisch zusammen mit dem Kürbiskernöl und etwas Salz in einem ausreichend großen Topf bei mittlerer Hitze unter regelmäßigem Rühren weichkochen, danach im Topf mit einem Pürierstab möglichst fein pürieren. Den Schmand dazugeben und kräftig mit Pfeffer und Muskatnuss würzen. Das Ei hinzufügen und alles gründlich miteinander verrühren. Vom Herd nehmen und etwas abkühlen lassen.
5. Jeweils einen Esslöffel Kürbisfüllung auf die Teigkreise auf dem Backblech geben, den Teig einmal umklappen und mit den Fingern oder einer Gabel die Ränder andrücken. Mit einem Messer drei kleine senkrechte Schlitze in jede Teigtasche schneiden, damit beim Backen die Luft entweichen kann.
6. In einer kleinen Schüssel ein Ei und einen Esslöffel Milch verrühren. Die Pasteten damit rundum einpinseln und für ca. 20 Minuten in den Ofen geben, bis sie goldbraun sind; zur Halbzeit einmal wenden. Anschließend herausnehmen und auf dem Blech ca. 5-10 Minuten abkühlen lassen. Am besten lauwarm servieren.

Hüpfende Giftpilze

Eine ganz besondere Fungus-Art sind die sogenannten Hüpfenden Giftpilze, die Professor Sprout in ihrem Gewächshaus in Hogwarts züchtet. Doch obwohl sie ihren Schülern bereits in der 2. Klasse beibringt, wie man sie richtig verarbeitet, ist nicht bekannt, welchem Umstand diese Pilze ihren sonderbaren Namen verdanken. Ob sie ihre Opfer tatsächlich anspringen oder ihr »Hüpfen« eher etwas mit ihrer auf andere übergehenden toxischen Wirkung zu tun hat, bleibt daher fürs Erste eurer Phantasie überlassen!

ZUTATEN FÜR 10 GIFTPILZE

10 Eier

5 Cocktailtomaten, schön rot und rund

Mayonnaise

Außerdem erforderlich: Eiswürfel, Spritzbeutel mit sehr feiner Tülle

1. Die Eier in einem angemessen großen Topf bei mittlerer Hitze hartkochen (ca. 8-10 Minuten).
2. In der Zwischenzeit ein Eisbad vorbereiten. Hierzu kaltes Wasser und einige Eiswürfel in eine mittelgroße Schüssel geben.
3. Die hartgekochten Eier mit einem Schöpflöffel aus dem Topf neben und einige Sekunden im Eisbad abschrecken.
4. Die Tomaten halbieren, den Stielansatz herausschneiden und mit einem Teelöffel behutsam die Kerne und ein wenig vom Fruchtfleisch entfernen. Dabei darauf achten, dass die Haut intakt bleibt! Die ausgehöhlten Tomatenhälften anschließend mit Küchenpapier trockentupfen.
5. Die Eier vorsichtig pellen und an der Unterseite mit einem scharfen Messer ein kleines Stückchen kappen, damit man die Eier besser hinstellen kann. Mit etwas Abstand zueinander auf einem Servierteller arrangieren. Jeweils eine halbierte Tomate als Kappe oben auf jedes Ei setzen.
6. Die Mayonnaise in einen Spritzbeutel mit sehr feiner Tülle geben und in regelmäßigen Abständen kleine weiße Punkte auf die roten Kappen spritzen.

Schafsinnereien

Es gibt Dinge, die weiß man bloß so richtig zu schätzen, wenn man Feinschmecker ist, aus Schottland stammt – oder längst den Löffel abgegeben hat. So wie der Fast kopflose Nick, der diesen Gaumengraus Gerüchten zufolge schon zu Lebzeiten zu seinen Leibspeisen zählte. Was womöglich einiges erklärt …

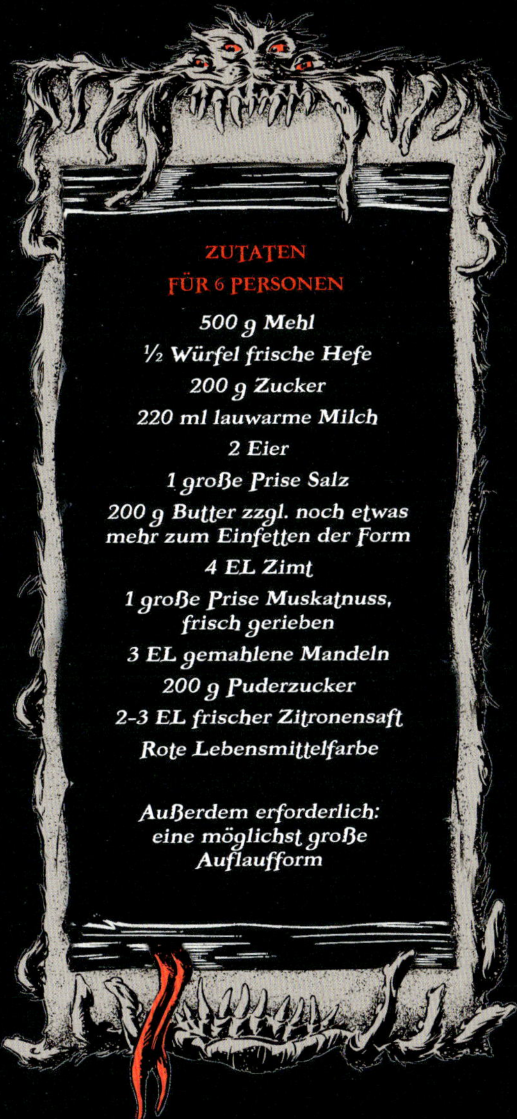

ZUTATEN
FÜR 6 PERSONEN

500 g Mehl
½ Würfel frische Hefe
200 g Zucker
220 ml lauwarme Milch
2 Eier
1 große Prise Salz
200 g Butter zzgl. noch etwas mehr zum Einfetten der Form
4 EL Zimt
1 große Prise Muskatnuss, frisch gerieben
3 EL gemahlene Mandeln
200 g Puderzucker
2-3 EL frischer Zitronensaft
Rote Lebensmittelfarbe

Außerdem erforderlich: eine möglichst große Auflaufform

1. Das Mehl in eine große Schüssel geben und eine Kuhle in die Mitte drücken. Die Hefe fein hineinbröseln und 100 g Zucker und die Milch dazugeben. Alles kurz verrühren. Dann nach und nach die Eier, das Salz, 80 g der Butter und drei Tropfen rote Lebensmittelfarbe hinzufügen. Gründlich zu einem glatten, geschmeidigen Teig verkneten. Die Schüssel mit Frischhaltefolie oder einem klammen Geschirrtuch abdecken und an einem warmen Ort eine Stunde gehen lassen.
2. In der Zwischenzeit die Füllung zubereiten. Hierzu die restliche Butter in einem kleinen Topf schmelzen, dann den Zimt, den übrigen Zucker, die Muskatnuss und die gemahlenen Mandeln hineingeben und alles miteinander vermischen.
3. Sobald der Teig aufgegangen ist, die »Innereien« formen. Den Teig hierzu auf einer leicht bemehlten Arbeitsfläche mit den Händen zu ungleichmäßigen, würstchendicken Strängen ausrollen. Eine möglichst große Auflaufform ausbuttern und das »Gedärm« so hineinlegen, dass es angemessen eklig aussieht. Die Zimtmischung mit einem Löffel unregelmäßig auf den Teigsträngen verteilen. Mit Frischhaltefolie oder einem klammen Geschirrtuch abdecken und nochmals ca. 15 Minuten gehen lassen.
4. In der Zwischenzeit den Backofen auf 180 °C Ober-/Unterhitze vorheizen.
5. Die »Innereien« nach der Gehzeit ca. 30 Minuten im Ofen backen.
6. Derweil das Frosting zubereiten. Hierzu in einer kleinen Schüssel den Puderzucker, den Zitronensaft und 3-5 Tropfen rote Lebensmittelfarbe (je nach gewünschter »Blutigkeit«) so lange verrühren, bis eine glatte, dickflüssige Masse entsteht.
7. Die »Innereien« aus dem Ofen holen, einige Minuten in der Form abkühlen lassen, anschließend das »Blut«-Frosting ungleichmäßig darauf verteilen. Vor dem Servieren nochmals einige Minuten abkühlen lassen.

Ascheneis

Gewisse Dinge gehören von Natur aus einfach zusammen. So wie Fred und George, Maulen und Myrte und natürlich Asche und Eis. Wie, diese köstliche Geschmackskombination kennt ihr noch gar nicht? Na, dann wird's aber höchste Zeit, das zu ändern!

ZUTATEN FÜR 4 PORTIONEN

4 Bananen
125 ml eiskalte Kokosmilch
1-2 EL Aktivkohlepulver
1 EL Honig oder Agavensirup (optional)
Grobes Meersalz (optional)

1. Die Bananen schälen, in kleine Stücke schneiden und für 3-4 Stunden ins Gefrierfach geben bzw. so lange, bis die Bananenstückchen komplett gefroren sind.
2. Die gefrorenen Bananenstücke mit der eiskalten Kokosmilch, dem Aktivkohlepulver und – falls verwendet – dem Honig bzw. dem Agavensirup in eine Küchenmaschine oder einen Standmixer geben und so lange durcharbeiten, bis eine geschmeidige Eismasse entstanden ist.
3. Die Eismasse in eine flache Form füllen und für mindestens 2 Stunden einfrieren.
4. Nach Belieben mit etwas grobem Meersalz bestreut servieren.

Schrumpfkopf-Bowle

Und noch ein weiteres Schrumpfkopfrezept, diesmal für eine zünftige Partybowle. Diese verschrumpelten kleinen Dinger machen optisch vielleicht nicht sonderlich viel her, aber verteufelt vielseitig sind sie allemal!

ZUTATEN
FÜR 8-10 PORTIONEN

1 Vanilleschote
2 Orangen
2 l naturtrüber Apfelsaft
50 ml Mandelsirup
10 kleine Äpfel
20 ganze Gewürznelken
1 l eiskalte Orangenlimonade

Außerdem erforderlich:
Apfelentkerner, Kugelausstecher in verschiedenen Größen

1. Die Vanilleschote auskratzen und die Orangen entsaften. Das Vanillemark und den Orangensaft zusammen mit dem Apfelsaft und dem Mandelsirup in einen ausreichend großen Topf geben und bei mittlerer Hitze unter regelmäßigem Rühren einmal kurz aufkochen. Abkühlen lassen und für ca. 1-2 Stunden im Kühlschrank kaltstellen.
2. Derweil den Backofen auf 150 °C Ober-/Unterhitze vorheizen. Ein Backblech mit Backpapier auslegen.
3. Die Äpfel sorgsam schälen und mit einem Apfelentkerner das Kerngehäuse entfernen. Die Äpfel mit Küchenpapier trockentupfen. Mit einem kleinen, scharfen Küchenmesser und Kugelausstechern gruselige Gesichter in das Fruchtfleisch schneiden. Jeweils eine ganze Gewürznelke mit dem Stiel voran in die »Augenhöhlen« stecken.
4. Die Äpfel mit dem »Gesicht« nach oben auf das vorbereitete Backblech legen. Im vorgeheizten Ofen ca. 15 Minuten backen, bis die »Schrumpfköpfe« ein bisschen angebräunt und verschrumpelt sind. Herausnehmen und einige Minuten abkühlen lassen.
5. Den abgekühlten Vanille-Apfelsaft in die Bowleschüssel füllen. Mit der Orangenlimonade aufgießen, gut verrühren und vorsichtig die »Schrumpfköpfe« hineingeben. Sofort servieren.

Lakritzschnapper

Lakritzschnapper sind magische Süßigkeiten, die ihren Namen dem Umstand verdanken, dass sie a) aus Lakritz sind und b) nach jedem schnappen, der sich nicht genügend vor ihnen in Acht nimmt – so wie Harry im Büro von Professor Dumbledore, kurz bevor er das Denkarium entdeckt. Was diese speziellen Schnapper betrifft, so sind sie zwar deutlich harmloser als die in der Zauberwelt, aber nicht weniger köstlich!

ZUTATEN
FÜR 10 LAKRITZSCHNAPPER

10 Lakritzkaubonbons, möglichst groß und möglichst weich (z. B. von Kuhbonbon)
1 rote Fruchtgummischnur

1. Die Lakritzkaubonbons vor dem Verarbeiten an einem warmen Ort ca. 1-2 Stunden aufweichen lassen, damit sie besser knetbar werden. Sollte das nicht genügen, bei Bedarf einzeln mit den Händen durch die eigene Körperwärme erwärmen. Und falls das auch noch nicht reicht, bei geringster Hitze in den Ofen geben.
2. Sind die Kaubonbons schließlich weich und gut formbar, zu einer Kugel formen. Diese dann mit der flachen Hand leicht zu einer Rolle bzw. einem Wurm verarbeiten, mit einem dicken, kompakten »Kopf«, der zum »Schwanzende« hin zusehends schmaler zuläuft (siehe Bild). Das Ganze mit den Fingern entsprechend zurechtdrücken.
3. Mit einem kleinen, scharfen Messer in regelmäßigen Abständen parallele Rillen in den »Rücken« der Schnapper ritzen. Mit einem Zahnstocher ein Maul formen und zwei Löcher für die Augen einstechen.
4. Die Fruchtgummischnur in ca. 5 mm lange Stücke schneiden. Diese Stücke als Augen in die vorbereiteten Löcher stecken. Vorsichtig mit einer Feuerzeugflamme erwärmen und mit spitzen Fingern ein bisschen abrunden, damit die Augen nicht so »stummelig« wirken. Die Lakritzschnapper in einem luftdichten Behältnis lagern.

Diejenigen unter euch, die keine Lakritze mögen, können diese Schnapper auch problemlos aus reinen Weichkaramellbonbons herstellen. Die Zubereitungsweise ist genau dieselbe.

Filchs Gurkensandwich

Argus Filch ist der Hausmeister von Hogwarts. Sein größtes Vergnügen besteht darin, Schüler dabei zu erwischen, wie sie gegen die Regeln verstoßen, und sie dann voller Schadenfreude bei der Schulleitung zu verpetzen. Hierzu schreckt er nicht einmal davor zurück, mitten in der Nacht durch die Flure der Zauberschule zu schleichen. Einmal bezog er sogar stundenlang vor dem Raum der Wünsche Stellung, um Dumbledores Armee auf frischer Tat dabei zu ertappen, wie sie ihre Pläne zur Verteidigung von Hogwarts schmiedeten. Filchs Verpflegung, um sich die Warterei zu verkürzen: dieses klassische Gurkensandwich.

ZUTATEN
FÜR 4 SANDWICHES

½ Salatgurke
Salz
Saft von ½ Limette, frisch gepresst
8 EL Mayonnaise
½ TL Bio-Zitronenschale, fein gerieben
1 EL Worcestershiresoße
1 Avocado
Etwas frisch gemahlener schwarzer Pfeffer
8 Scheiben Vollkorntoast
Etwas frischer Rucola
1 Frühlingszwiebel, nur die weißen und die hellgrünen Teile, grob gehackt
Etwas frischer Schnittlauch, fein gehackt
Etwas frische Kresse
4 Oliven mit Paprika (aus dem Glas), abgetropft

Außerdem erforderlich:
4 Zahnstocher oder kurze Holzspieße

1. Die Gurke schälen und längs halbieren. Die Kerne mit einem Löffel ausschaben und entsorgen. Die Gurke dann längsseits in möglichst dünne Streifen hobeln, in ein Küchensieb geben, kräftig salzen und mit dem Limettensaft beträufeln. Mit den Händen vorsichtig durchmischen. 15 Minuten ziehen lassen.
2. Derweil in einer kleinen Schüssel die Mayonnaise, die Zitronenschale und die Worcestershiresoße sorgsam zu einer Creme verrühren.
3. Die Avocado vorsichtig halbieren. Die Schale und den Kern entfernen. Das Fruchtfleisch in feine Filets schneiden. Sparsam mit etwas frisch gemahlenem schwarzem Pfeffer bestreuen.
4. Vier der Toastscheiben auf die Arbeitsfläche legen und etwas von der Würzmayonnaise darauf verstreichen. Dann nach Belieben Gurkenscheiben, Rucola und Avocadofilets darauf schichten. Mit den Frühlingszwiebeln, dem frisch gehackten Schnittlauch und etwas Kresse bestreuen. Mit einer Schicht Würzmayonnaise abschließen und jeweils eine weitere Toastscheibe darauflegen. Vorsichtig andrücken. Einen Zahnstocher so durch das Sandwich stecken, dass er das Ganze zusammenhält und die Spitze oben noch ein Stückchen herausragt. Darauf die gefüllte Olive spießen.

Dementoren-Dog

Falls ihr bereits die Dementorenfinger (siehe S. 10) zubereitet habt und zufällig noch einige Griffel dieser garstigen magischen Kreaturen übrig sind, kommt hier das ideale Rezept zur »Resteverwertung«: Wie wär's zur Feier der gruseligsten Nacht des Jahres mit einem leckeren Dementoren-Dog? Die Dementoren wird's nicht jucken, schließlich haben die ja keine Gefühlsregungen. Also nur keine falsche Scheu!

ZUTATEN FÜR 4 PORTIONEN

2 EL mittelscharfer Senf
4 EL Tomatenketchup
1 TL Chiliflocken
4 Wiener Würstchen
4 Hotdog-Brötchen
4 blanchierte Mandeln, halbiert

Zum Garnieren:
gehackte Schalotten, Gewürzgurkenscheiben, geriebener Cheddarkäse, Röstzwiebeln, usw.

1. In einer kleinen Schüssel den Senf, den Ketchup und die Chiliflocken verrühren.
2. In einen großen Topf ausreichend Wasser erwärmen. Mit einem Messer an einem Ende jedes Würstchens in Fingernagelposition und -größe etwas Pelle und Brät wegschneiden. Die Würstchen dann ins warme Wasser legen und 5 Minuten ziehen lassen. Achtung: Das Wasser darf nicht kochen, sonst Platzen die Würstchen auf!
3. In der Zwischenzeit gemäß der Packungsangabe die Hotdog-Brötchen zubereiten. Die warmen Brötchen behutsam längs aufschneiden (aber nicht ganz durch!), die untere Hälfte großzügig mit dem Würzketchup bestreichen und jeweils ein Würstchen mit der »Nagelbucht« nach oben darauflegen. An der vorbereiteten Stelle eine blanchierte Mandel als »Fingernagel« andrücken und mit einem kleinen, scharfen Messer jeweils drei parallele Rillen als »Gelenkfalten« in das Würstchen schneiden (siehe Bild).
4. Nach Belieben zusammen mit euren liebsten Hotdog-Zutaten in separaten Schüsselchen servieren, z. B. Röstzwiebeln, Gewürzgurken oder geriebenem Käse.

Black Pudding

Black Pudding (zu deutsch: Blutwurst) wird in England, Schottland und Irland gern zu einem deftigen Frühstück serviert, bisweilen aber auch als Vorspeise gereicht. In Hogwarts kommt dieses Gericht beim Trimagischen Turnier beim Festmahl zu Ehren der Gäste aus Beauxbatons und Durmstrang auf den Tisch, auch wenn diese die Begeisterung ihrer Gastgeber für diese besondere »Delikatesse« nicht so recht teilen.

ZUTATEN
FÜR 4 PORTIONEN

600 g kleine Frühkartoffeln (festkochend)
500 g frische Grützwurst, vom Metzger
1 EL Butterschmalz
2 Schalotten, fein gehackt
Salz, frisch gemahlener schwarzer Pfeffer
½ TL Nelkenpulver
2 EL Butter
2-3 Zweige Thymian, gezupft und fein gehackt
Etwas frischer Schnittlauch, fein gehackt
Senfgurken, nach Belieben

1. Die Kartoffeln waschen, schälen und in einem großen Topf in kräftig gesalzenem Wasser ca. 15-20 Minuten bei mittlerer Hitze vorgaren. Abgießen und fürs Erste beiseitestellen.
2. Den Backofen auf 120 °C vorheizen.
3. Die Grützwurst pellen und in ca. 2-3 cm dicke Scheiben schneiden. In einer großen Pfanne das Butterschmalz schmelzen und die Zwiebeln darin glasig anschwitzen. Die Wurstscheiben dazugeben und bei mittlerer Hitze von beiden Seiten scharf anbraten (jeweils ca. 2 Minuten); dabei möglichst selten wenden, damit die Wurst nicht auseinanderfällt. Kräftig mit Salz, frisch gemahlenem schwarzem Pfeffer und einer Winzigkeit Nelkenpulver würzen. Aus der Pfanne nehmen, auf einen Teller geben, locker mit Alufolie abdecken und bis zum Servieren im vorgeheizten Backofen warmstellen.
4. Die Butter in die Pfanne geben, die Hitze auf groß erhöhen und die vorgegarten Kartoffeln mit dem Thymian von allen Seiten goldbraun anbraten. Kräftig mit Salz und Pfeffer würzen, mit frischem Schnittlauch bestreuen und zusammen mit den Wurstscheiben und den Senfgurken servieren.

Kippers

Kippers sind gepökelte Heringe, die zusammen mit allerlei Beilagen auch in Hogwarts regelmäßig auf die Tische kommen. Besonders Ron liebt Kippers – so sehr, dass er in seiner Verfressenheit einmal fast an einem erstickt wäre. Was ziemlich schwierig ist, wenn man bedenkt, dass diese Fische grundsätzlich im Ganzen serviert werden, inklusive Kopf und Schwanz. Manchmal sollte der gute Ron seinen Appetit lieber ein wenig zügeln …

ZUTATEN FÜR 2 PORTIONEN

2 Bücklinge, im Ganzen (á ca. 300 g)

200 g Butter zzgl. noch 1 EL mehr für das Rührei

2 Karotten, gehobelt

Etwas frischer Blattspinat

Mandelsplitter

1 Spritzer Zitronensaft

Salz, frisch gemahlener schwarzer Pfeffer

4 Eier

8 EL Sahne

Als Beilagen: Oliven, Zitronenkeile, Gewürzgurken, Bauernbrot, frisch gehackte Petersilie, usw.

Die Bücklinge zubereiten:

1. Die Grillfunktion des Backofens auf mittlerer Stufe vorheizen.
2. Die Hälfte der Butter in die Pfanne geben, bei mittlerer Hitze unter gelegentlichem Rühren schmelzen und so lange köcheln lassen, bis sie eine bräunliche Färbung annimmt und anfängt, nussig zu duften. Vom Herd nehmen.
3. Die Bücklinge nebeneinander in eine große Auflaufform oder auf ein Backblech legen, die Butter darübergießen und den Fisch direkt unter den Backofengrill stellen. Ca. 8-10 Minuten garen; dabei regelmäßig mit Butter bestreichen.
4. Ist der Bückling fertig, auf einem Bett aus Karottensalat (siehe unten) anrichten und nach Belieben zusammen mit dem Rührei (siehe unten), der Butter, gehackter Petersilie, Gewürzgurken, Zitronenkeilen, usw. servieren.

Den Karottensalat zubereiten:

5. Die gehobelten Karottenstreifen in einer Schüssel mit etwas frischem Blattspinat, Mandelsplittern und einem Spritzer Zitronensaft vermischen. Kräftig mit Pfeffer und Salz würzen, erneut gut durchmischen und vor dem Servieren mindestens 30 Minuten ziehen lassen.

Das Rührei zubereiten:

6. Die Eier in eine Schüssel mit hohem Rand aufbrechen, die Sahne dazugeben, kräftig mit Salz und Pfeffer würzen und mit dem Schneebesen so lange verquirlen, bis das Ganze zwar noch relativ dickflüssig, aber schön cremig ist.
7. In einer beschichteten Pfanne bei kleiner Hitze die Hälfte der Butter schmelzen. Die verquirlten Eier dazugeben und langsam stocken lassen; dabei zwischendurch hin und wieder mit einem Pfannenwender vorsichtig am Pfannenboden entlangrühren, damit das Ei nicht anbrennt und zugleich durchgängig fester wird. Hat das Rührei die gewünschte Festigkeit erreicht, vom Herd nehmen und sofort servieren.

Danksagung

Genau, wie man gutes Essen und Trinken gemäß »Gamps Gesetz der elementaren Transfiguration« nicht aus Nichts herbeizaubern kann, produziert niemand – ganz gleich, ob Muggel oder Magier – ein Kochbuch wie dieses ganz allein. (Gut möglich, dass das eine weitere »Wesentliche Ausnahme« von »Gamps Gesetz« ist.) Tatsächlich haben zahlreiche talentierte Menschen über Monate hinweg auch ohne Zauberkräfte wahre Wunder gewirkt, um dafür zu sorgen, dass ihr dieses Buch, das mir persönlich sehr am Herzen liegt, nun in Händen haltet.

Als da wären: Jo Löffler & Holger »Holle« Wiest, meine »Dinos«, ohne die nichts so wäre, wie es ist; Roberts »Rob« Urlovskis, der statt eines Zauberstabs einen PC verwendet, um seine Magie zu wirken; Angelos Tsirigotis, mein schwäbischer Grieche (oder griechischer Schwabe), für seine grandiosen Beiträge zu diesem Buch; Oskar »Ossi« Böhm & Annelies Haubold; der K-Clan mit Tobi, Andrea, Finja & Lea; Katharina »die einzig wahre Katze« Böhm; mein »Bruder von ´nem anderen Luder« Thomas B. nebst Anhang, für viele unvergessliche Momente in Vergangenheit, Gegenwart und Zukunft; Ulrich »die Pest« Peste, aus denselben Gründen; Dimitrie Harder, mein »Partner in Crime« bei allem, was Kochbücher betrifft, und der einzige Mensch auf Erden, der mich je ungestraft einen »Rüpel« genannt hat; Thomas Stamm und seine Frau Alexandra, für Wertschätzung und Freundschaft; Karin Michelberger, Franz-Christoph Heel und die bezaubernde Hannah Kwella, für viele großartige Projekte; und nicht zuletzt meine »Restfamilie«, die mir ein ums andere Mal die Zeit, die Kraft und die Freiheit schenkt, großartige Abenteuer wie dieses zu erleben.

Ein besonderes Dankeschön gebührt in diesem Fall außerdem meinem Cousin und Freund Michél Kevin Hubel, der während der Produktion dieses Buchs völlig unerwartet und viel zu jung im Alter von nur 37 Jahren von uns gegangen ist. Manche mögen es vielleicht als despektierlich erachten, einem Verstorbenen ausgerechnet ein Halloween-Kochbuch zu widmen, aber jeder, der Michél kannte, weiß, dass er diese Geste zu schätzen gewusst hätte. Du fehlst mir, Kumpel. Der Gedanke, mit dir nie wieder über Filme, Computerspiele und TV-Serien zu fachsimpeln, ist für mich noch immer unbegreiflich. Hab´ von da oben ein Auge auf uns, bis wir uns wiedersehen, okay?

Für alles, das euch an diesem Werk gefällt, gilt der Dank diesen wunderbaren Menschen. Für alle inhaltlichen Mängel, fragwürdige Formulierungen, fehlerhafte Mengenangaben und zu viel Selleriesalz hingegen dürft ihr gern Asche auf mein kahles Haupt streuen, vorzugsweise vermittels folgender Social-Media-Kanäle:

Tom Grimm

Folgt mir auf

@tom.grimm.autor

@tom.grimm.autor

www.grinningcat.de

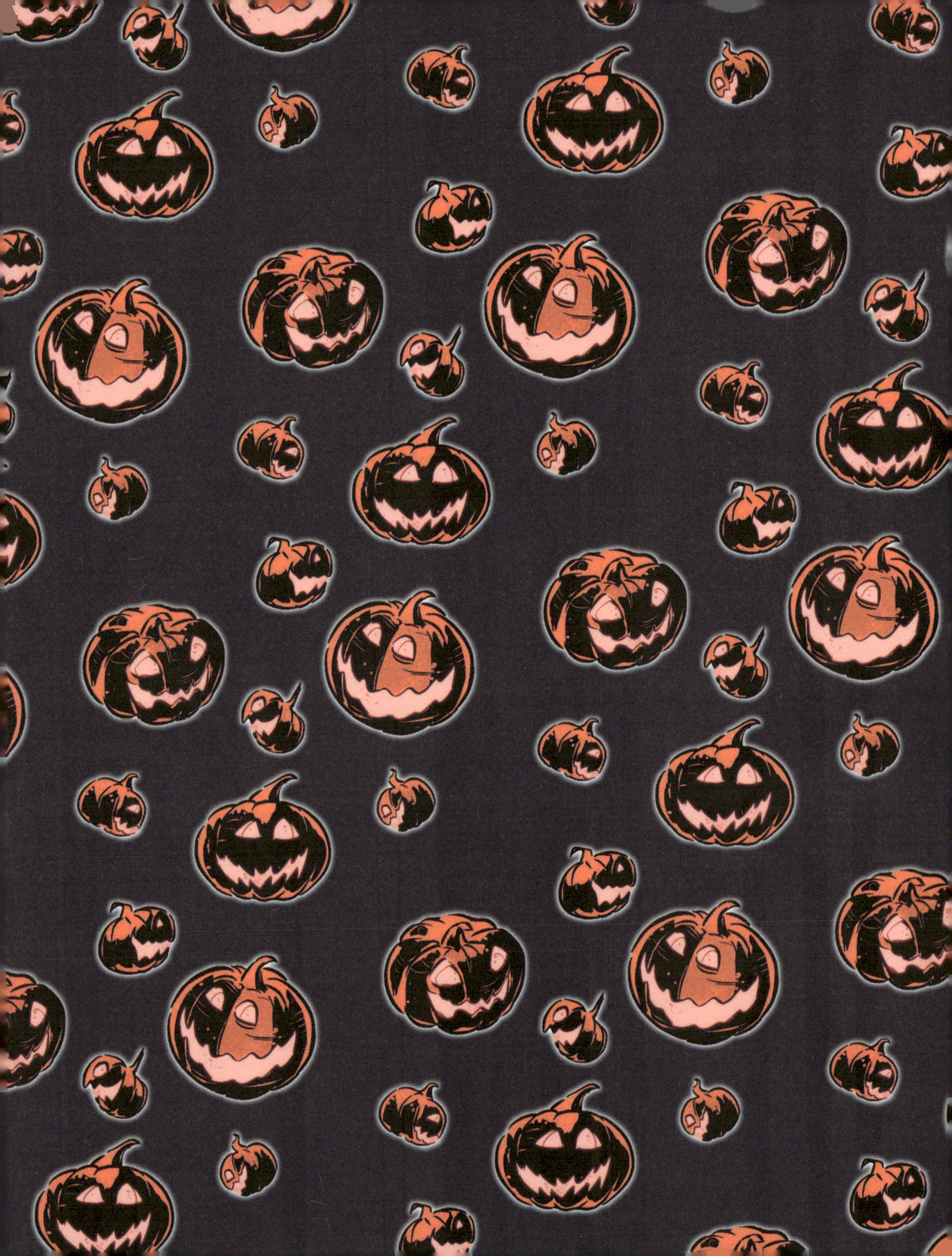